云南百位历史名人传记丛书

中共云南省委宣传部◎编

云南出版集团
云南人民出版社

图书在版编目（CIP）数据

实业巨子——缪云台 / 史允，董永龙著. -- 昆明：云南人民出版社，2014.11

（云南百位历史名人传记丛书）

ISBN 978-7-222-11579-8

Ⅰ.①实… Ⅱ.①史… ②董… Ⅲ.①人物-历史故事 Ⅳ.①K827=7

中国版本图书馆CIP数据核字(2014)第002913号

出 品 人：李 维
刘大伟
责任编辑：朱 原 金学丽
装帧设计：马 滨
责任校对：源 珠
责任印制：杨 立

书名 实业巨子——缪云台
作者 史允 董永龙 著
出版 云南出版集团 云南人民出版社
发行 云南人民出版社
社址 昆明市环城西路609号
邮编 650034
网址 http：//ynpress.yunshow.com
E-mail ynrms@sina.com
开本 889mm×1194mm 1/32
印张 6.25
字数 120千
版次 2014年11月第1版第1次印刷
印刷 昆明卓林包装印刷有限公司
书号 ISBN 978-7-222-11579-8
定价 24.00元

如有图书质量及相关问题请与我社联系

审校部电话0871-64164626 印制科电话0871-64191534

云南百位历史名人传记丛书

编委会名单

总 序

丛书编委会

历史长河浩浩荡荡！中华文明自滥觞至汇聚千流，涵纳万水，奔腾迭起，云蒸霞蔚，延五千年之长史，至今生机勃然，是迄今世界上唯一保持完整且衍传有序、光耀于人类的伟大文明。

习近平总书记指出：一个国家、一个民族的强盛，总是以文化兴盛为支撑的。中华民族是具有非凡创造力的民族，我们创造了伟大的中华文明，实现中华民族伟大复兴的中国梦，必须弘扬中国精神。以爱国主义为核心的民族精神，以改革创新为核心的时代精神，是兴国之魂，强国之魂。

云南，是祖国西南神奇、美丽、富饶的宝地，是中华文明中极具特质和创造潜力的丰美之乡。云南少数民族文化是中华民族文化的重要瑰宝。长期以来，云南大地上，各民族和睦与共，相濡相生，共同创造了色彩瑰丽、形态多元、底蕴厚重、影响深远的历史文化，为我们留下了珍贵的精神遗产。人，是历史的镜子，是历史最生动的环节，人民是历史的主人和创造主体。在人类历史的进程中，一个个不同时期的代表人物产生过一些不同的影响。“云南百位历史名人传记丛书”就是这样一丛历史的记录，一百位历史名人，虽未必尽能概全，各位历史人物的代表性也不尽相同，但都是“追梦人”，是振兴民族伟大理想的传薪人、探索者和实践家。

在这些代表人物中，无论是拓土开疆的将帅勇者，还是蹈海酬志的大国使节；无论是志于传播文明的鸿儒巨擘、先哲贤士，还是为民族独立解放而高歌猛进、慷慨捐躯的群雄英杰，都贯注了这一重要精神。正是以他们为代表的云南各族人民创造并抒写了可歌可泣的英雄史章，熔铸了坚韧不拔、奋为人先、包容博大、敢于担当的精神品质，才使云南在中华文明的长史中闪耀着特有的光辉。尤在近代中国，在辛亥护国风云中，在反对外辱保卫祖国边疆维护民族尊严、抗击日本法西斯侵略中，云南站在历史前台，以中华群雄的不屈身影演出了一幕幕豪迈悲壮的历史大戏，也更涌现了一批足以彪炳史册、光照后人的杰出人物。这一切，给予中国历史进程深远的影响。

今天，实现中华民族伟大复兴之梦，谱写富民强滇中国梦的云南篇章，需要以中华文化发展繁荣为重要条件，这就需要接续这一光荣而伟大的精神传统，在继承中创新，在创新中发展，在发展中超越。云南正处于一个新的历史起点上，需要大力挖掘历史文化资源，聚合更强大的精神动力，为推动我省科学发展、和谐发展、跨越发展凝心聚力。为此，我们组织省内外专家学者编写出版了“云南百位历史名人传记丛书”。这对加强我省各族人民，尤其是青年一代对历史的了解、认同，爱国爱乡爱民并甘于奉献，对提升优秀精神品质，形成团结奋斗的共同的思想基础，坚定推进富民强滇的信心和决心，显然有着重要的现实意义和切实的助力。

一百位历史人物，所处历史时期并不相同，其历史作用也有差异，甚至就个人的全面历史评断方面也难以等量趋同。但我们以为这些留存史迹的人物，所以传扬至今，为后世崇奉，均有他们共同的历史向度和价值取向，我们学习这些历史人物，至少应当着重于以下几个大的方面，即：“守大德、重大义、集大成、有大度、达大观”。

守大德，即恪守道德规范。“德者，本也。”（《礼记·大学》）“大德”既是国家民族的根本利益所在，也是中国文化中最核心的价值理念及标准。古语“行德则兴，背德则崩”，不仅是资政经验，也是个人修习完善的根基。所谓“厚德载物”，直观的理解，就是如果德行浅薄，是不能兴物成事，更不能造就伟大功业的。云南历史文化名人，大多以德立身，大节不移，并对此恪守坚定，一以贯之；始终保持正确信念和理想，并为之奋斗到底。这是我们首先要学习尊崇的。

重大义，即以国家民族利益的需要为个人行为取舍的标准。有大义，才有大爱。这些先贤无不爱云南爱乡土，以兴业乡梓、造福一方为己任。尤在国家民族命运攸关、生死存亡的关头，这些令人崇敬的先辈，大义擎天，逢难不避，敢于担当，责无旁贷，勇往直前，不惧牺牲。一个心存天下大公的人总会在不经意的一瞬决定大义的选择，这是社会进步的希望所在，更何况实现中华复兴的伟大梦想，还有很多异常艰危的事业在等待我们去克难攻坚。所以，举凡大义、为民为国、全身而进的精神是我们应当效法崇尚的。

集大成，“知类通达，强立而不反，谓之大成”。这些历史人物留下的足迹，予人深刻启迪。他们无论是出将入相，还是布衣一袭，均勤学不辍，求索不止，在追求真理和知识的道路上刻苦务实，义无反顾，永无终期，故能成大器，胜大任，不辱使命。今天，世界进入知识信息时代，软硬实力决定一个国家能否赢得发展机遇，乃至自立于强国之列的地位。其紧迫性不亚于先辈梦想中国富强的百年期许。但今天所谓“集大成”，是更高更大更具有生存挑战性和发展战略性的，是集世界之“大成”，集政治经济、科技文化、制度建设、社会发展等一切领域“总成”，玉成中国梦的空前伟大的事业。所以，先人刻苦自律、博学精进的学习精神我们应当秉持继承。

有大度，即要有开放包容的胸怀。云南历史文化名人的一个共通品质，也是一个显著特点就是，即使身处僻远，总能破除狭隘与陋见，以宏大度量，兼容并包，接纳先进，吸收优异，团结一切可以团结的力量，聚合一切可以聚合的资源，总成一股创造历史的宏大动力，来完成伟大的事业。哪怕是割股舍己，也在所不惜。今天，云南要实现跨越式发展，保持开放包容的胸怀尤其重要。所以，先辈“天下云南”的大度我们应当弘扬光大。

达大观，即要眼观天下，达察全局，与时俱进，审时知变，敢为人先。推动云南社会历史进步的代表人物，无不目光远大，胸怀全局，对世界潮流、时代嬗变，都能审视洞悉，并欣然顺应规律，故能在历史转折的关键时刻做出正确选择，成就改天换地的一番伟业。古语有“小智自私”、“达人大观”，是将为个人谋私的小智谋与担当天下兴亡的大智慧尖锐对比而言的。否则，“其兴也勃焉，其亡也忽焉”。一个为民为国而应用心智的人，必然有达观天下的心怀，也由此激发潜能、超迈寻常，而使人生境界也更加美好而宏丽。遍观世界文明史，许多影响人类进步的伟大创新，正是以此为动力和起点的。今天，中国经济社会的快速发展，国家的日益强大，正为实现中华民族伟大复兴的中国梦开拓了无限广阔的道路，也为个人实现自身价值创造着更加富实的前景。所以，先辈们达观天下的精神我们应当引为楷模。

我们对志向高远、仰观天下、俯察民情、甘为路石、慨当以慷、求真务实的历史名人，心存景仰，并愿与千千万万的读者，尤其是青年朋友一道学习弘扬。

组织编撰“云南百位历史名人传记丛书”是一项重要的文化工程，编撰出版人员都做出了艰苦的努力，但由于众手修书，书稿层次不一，成书体例难以做到完全一致，对存在的不足敬请读者批评指正，我们将虚心接受，并在修订再版时一并吸纳修改完善。

目录// MULU

◆ 缪云台的青少年时代

002／小王子

018／领主时代

028／富滇的悲喜剧

043／云　锡

053／离开云南

057／逃　跑

◆ 金融家的成长史

066／农矿厅长兼银行家

072／YTC

079／洋管理与土技术

082／上　市

085／金融改革　税制先行

098／全新的富滇、全新的滇币

109／兼任行长的约法三章

目录// MULU

◆ 战乱年代的实业家

116／新行长的新“跟单”办法

121／云南省经济委员会

127／想象力绘制的“云纺”版图

149／战火中的银行家

163／从人企公司到人民政协

◆ 附　录

◆ 参考书目

缪云台的青少年时代

1907年，滇越铁路的起点昆明，为了瞒着父母报考五华方言学堂——一所教授英文、国文、地理、历史、数学等知识的新式学堂，一个本名缪嘉铭的少年，给自己起了一个新名字——缪云台。就是这样一个小小的举动，不仅为本书的主人公开启了一扇通往外面世界的大门，而且暴露出作为伟大金融家、实业家敢想敢为的特质，与生俱来就存在于他的血脉之中……

小王子

缪云台先生

1913年6月，云南昆明一个名叫缪云台的年轻人，登上了从昆明到海防的列车，他的目的地是美国的旧金山。

3年前通车的滇越铁路，是20世纪初云南人的进步曙光，火车带来了新奇的舶来品，带来了电影、武器和资本，也带走了怀揣着各种梦想的年轻人，缪云台就是坐着火车离开的年轻人中的一个。

而此时，在隆隆的火车声中，云南，以及中国正经历着一次满含苦楚和希望的阵痛。两年以前，在武昌首先爆发的辛亥革命，迅速蔓延到整个中国，摧枯拉朽般地毁灭了中华帝国。

对于这场伟大革命之结果，显然未见得直接给国民带来了福祉，而由其引发的或改变的却是多元的，后世对这场革命的看法也十分多元。悲观的一种看法：辛亥革命完全没能解决中国的问题，更糟的是军阀主义时代开始，“一种不讲道德的，背信弃义的情绪在当权者中蔓延，革命的胜利，即使在当时，已经变得没有意义了。1912年2月，当庄严的统治权从未成年的清代皇帝及其朝廷手中传给袁世凯的时候，中国丧失了强有力的政治一体化的帝制象征，而它已具有两千多年的历史了。换来的却是无耻反动的军国主义者占据了中央地位。他既无纲领，又无皇帝的权势……”

第二种比较乐观的看法则认为辛亥革命并不是一突然事件，应该“强调同革命前的年代的连续性，不把辛亥革命看成是中国整体衰弱过程中的又一事件，而把它看成是民族主义运动的早期高潮，给政治和社会带来了活力。革命后的实践经受了自治和中央集权两种相互对抗的观念检验，这两种观念在前十年间都各自赢得了拥护者。这是一个充满活力的政治实验的时代……”

滇越铁路

滇越铁路

第三种看法则相对中立，比如费维凯对辛亥革命的这两种看法实则是统一的，一场武装暴动除了赶走了象征性的皇权，什么也没有做，甚至因为失

滇越铁路

去了这个象征意义上的政治统一，问题更多了。然而，与此同时，这样的阵痛又是不可避免的。革命至少是开启了一系列的可能性，虽然还没有确凿的迹象表明中国将向何处去，甚至无法肯定明天会不会变好。但至少大幕已经拉开，而结局尚在前方。

然而，还存在着另一种可能性。中国只是表面上抗拒着西方的影响，并且感觉上冥顽不化地拒绝进步。实则，在更长的历史时段中，在广阔的范围上，从未停止过吸取外来文化的养分，也从没放弃影响着周边的文化。只是有时遇到阻碍，有时会被强敌暂时打断。但总会找到自己适宜的道路，按照全然不同的方式奔向现代。

重九起义时的蔡锷

而辛亥革命只是这个过程中的一个瞬间，如果说它并未改变本质和全部，那么这是自然的；如果说它像其他些微的改变一样，将庞大而永不停歇的中华大车，稍稍推动了一步，那么也是自然的。

如辛亥之年一样，所有这些些微的改变，早已在渐渐酝酿发酵之中，而且遍布这片土地。在云南，隆隆的火车和革命的战火

讲武堂学员在操练

其实都是改变，然后这些改变又改变着相应的人和事。

火车的起点昆明也是辛亥革命的重要策源地，10月在武昌爆发了第一次武装起义，半个月后，10月30日，在昆明爆发了相似性质的武装暴动，由蔡锷领导的革命军仅用了一夜时间就推翻了清王朝在云南的地方政府。11月1日，“大中华云南军都督府”成立。蔡锷任云南军都督。

除了蔡锷，云南军政府里还有一个实权人物——李根源。辛亥时期，李根源是云南军政府参议院院长兼军政部总长，也是革命军陆军第二师的师长。革命军夺取了昆明政权以后，李根源部便开始扫除滇西地区的清政府残余势力。李将军革命前是云南陆军讲武堂的管带，他的部下大多是讲武堂的学生，军事参谋缪嘉寿就是其中之一，缪是昆明人，李根源的得意门生。

开篇那个年轻人就是缪嘉寿的弟弟。缪家，并非因缪嘉寿才突然发迹的，缪嘉寿和与他一起参加革命的云南籍军官有一个共同点，就是都有不薄的家世。

缪家的姑母缪嘉惠年轻时随丈夫到四川，后来丈夫去世，嘉惠带着孩子返回昆明。她少女时就喜欢作画，极有天赋，在四川时又曾请专人教授，丈夫死后嘉惠就靠卖画养育自己的儿女。作为一个云南女子，嘉惠绝不会认为“自食其力”有什么不妥，而她的家族和家乡也不以为要紧。倒不见得是特别“开明”，而是这块土地压根就没有被植入那么多那么紧的桎梏。这一点如此重要，完全不仅仅限于容许缪嘉惠卖画养家这件小事上。

缪嘉惠渐渐变得很有声名，这时是 19 世纪晚期，在北京的慈禧太后忽然想要学习绘画，想寻觅这样一个女画师教她。熟悉缪嘉惠的四川督抚想讨得慈禧欢心，就将嘉惠送到北京。慈禧看到她的画作后果然非常喜欢，从此，缪嘉惠就在慈禧身边。慈禧非常喜欢这个云南女孩，不仅因为她画画得好，还因为她很懂得人情世故，说话办事很得慈禧心意。所以慈禧到哪里都带着她，并且破例令她可不跪拜慈禧。对于慈禧来说，这是非常罕见的“恩惠”。但嘉惠却并不因此妄自尊大，对周围的人都很和气，除了画画，并不图谋其他，紫禁城里的人们尊敬她，都称她为“缪先生”。因此，身处在 19 世纪末紫禁城可怕的权力漩涡之中，缪嘉惠却始终得以保全自身和家人。慈禧死后她安全地回到昆明老家，依旧以卖画为生。家乡人叫她“缪姑太”，直至 1908 年去世，享年 77 岁高龄。

缪姑太身上有着缪家人的天性禀赋并非画画，而是世事洞明和执着专长。不贪心，不僭越，忠于自己的事业。这或许也是云南人的特点，看似呆笨，却怀揣着非凡的力量。

尽管缪姑太是皇太后身边的红人，但缪家依旧经营着在昆明的酱菜生意。虽说也就是自产自销酱油、醋、麻油之类，但规模不小，有四五个长年雇佣的工人和一个酱菜师傅，也属殷实。家里的孩子除了念书，都必须在作坊里帮忙，缪云台小时候的工作就在柜台收银，这倒是很符合他将来的事业。

家里一共四个孩子，大哥嘉祥帮着父亲打理生意，姐姐韵秋、母亲和嫂嫂则负责打理家务。按中国人的传统，这样安排可保证家族生意无虞，再接下来的老三和老四就可以自由地选择自己的志向了。

三哥缪嘉寿，不但天资聪慧而且健硕有力，17 岁从云南武备学堂毕业，当时学堂的总办柳旭非常喜欢他，毕业时直接被遴选为旅日留学的后备生。19 世纪末这些后备生在昆明集训，这些孩子们中间有很多日后著名的名字，比如李根源，比如唐继尧。李根源在集训时候成了缪嘉寿的知交，这段友谊持续了近半个世纪，并一度影响并帮助了我们的主人公——缪云台。临近出发，不走运的缪嘉寿得了重病，无法成行。看着同学们启程，缪嘉寿无限忧伤。病愈后，缪嘉寿被任命为巡防营管带，在石屏驻守。

旅日的日本陆军士官学校学员纷纷接受了新思想，

萌生了民主和革命的念头，并蠢蠢欲动地谋划着推翻旧政权，建立新政权。而此时他们当年的同学缪嘉寿还在石屏驻守，作为旧政权的一名军官。

然而，年轻人总是心意相通，在石屏的缪嘉寿对自己所服务的晚清政权失望至极，他感到再也无法为这样一个孱弱的政权服务了，1908 年，他辞去了石屏巡防营管带一职。整整一年，迷茫的缪嘉寿都在中国各地漫游，进入他眼中无一处不是满目疮痍。1909 年，在广州，愤懑的缪嘉寿遇到了刚刚从日本留学归来的李根源。

李根源在旅日期间与孙中山交往颇深。1905 年，孙中山在东京成立同盟会时，李根源秘密加入，并积极地筹建同盟会云南支部。当然，这是秘密的。从李根源那里，缪嘉寿重新看到了民族救亡的途径与希望。同时，也从朋友那里找到了自己的新工作。作为清政府的公派留学生，李根源归来后出任云南陆军讲武堂重开后的首任“监督”，没多久又担任“总办”。李根源出任讲武堂监督兼步兵科教官时，推荐缪嘉寿任讲武堂的执事官。

重九起义发起者之一李根源

缪嘉寿同期执教讲武堂的多是与李根源一样旅日归国的同盟会会员，如李烈均、顾品珍、方声涛、赵时康、沈汪度、唐继尧、张开儒、刘祖武、李鸿祥、罗佩金等，当时都是讲武堂的教官。缪嘉寿虽不是同盟会会员，却以他的军事天赋和对革命的向往，与这些人交往日深。缪嘉寿过世后，友人张一璘为其撰写的《云南财政厅长昆明缪君行状》中，提及缪嘉寿在云南陆军讲武堂任教时的情形：“时革命之谋，弥于全校，发纵指示，君悉与焉。”今天，安宁温泉还有一方题石，记录了 1911 年 8 月，李根源、蔡锷、罗佩金、李烈钧、赵康时、刘存厚、方声涛、缪嘉寿等 8 人同赴此游玩，为李根源记事手题所刻。1911 年 8 月距昆明重九起义已经相当近，而同游的 8 人全部是重九起义中的骨干。可见其“发纵指示，君悉与焉”，是确实的。

小西门是起义军攻打的主要目标之一

转回头来再说缪家，三哥投奔了革命，或者说公开的去向是“从军”，而小弟缪云台则选择了另一条推动社会改变的道路。云台本是他的字，原名缪嘉铭。他比三哥嘉寿要小 10 岁。出生于 1894 年，所以他是 19 世纪标准的 90 后，一个时代在他出生时已经走向了没落，新的时代在他的成长过程中慢慢酝酿。嘉铭出生时，恰逢缪嘉惠从紫禁城回到了家乡昆明，于是缪云台自小便由缪嘉惠带大，不知日后缪云台的世事洞明和进退有据，是否出自于这位高级别的“导师”。

缪云台幼年时最大的记忆就是八国联军攻打北京，皇帝和太后逃跑了。不过云南远在帝国的西南边陲，北京的变故对于7岁的缪云台来说更像个故事。小时候的缪云台并没有因积贫积弱的祖国而困扰，城市中产之家的小儿子，在评书、戏曲、游戏和私塾间度过了童年。有那么一次，7岁的缪云台看见有个老人家，带领着一队人马，举着“帝曰老将蔡”的旗帜，从昆明城里穿过，并宣称要到陕西去“勤王”，这个时间离八国联军侵入北京已经半年之久了。蔡姓老将，此时才集结单薄的队伍打算步行着去“勤王”，这在缪云台看来是不可思议的。

在回忆录里，他问店员“帝曰老将蔡”（就是“皇帝曾说我是蔡老将军”）是什么意思，有人打趣逗他，说：那就是你家卖的“老酱菜”啊！

让人印象深刻的不仅仅是云南人对“勤王”事业的兴趣寥寥。更有趣的是，这个中产之家的小儿子，在7岁时，仍不知“帝曰老将蔡”的意思。于是，这样一块被帝制文明浸染和束缚不那么深的土地，很自然地就成为19世纪末风暴的策源地。

19世纪末，东南亚殖民地经济的发展和工业文明对矿产品的饥渴，将云南从中华帝国的边缘拖入了区域经济的中心地带，而滇越铁路和原本在云南就相当突出的人口和土地的矛盾催生了一批潜在的资产阶级，他们想要从土地的束缚中挣脱出来，当真的离开土地之后，像缪家这样初生的资产阶级将要求公平可行的交易平台和发展的空间。于是一个酱菜业主的儿子立志参加革命就不是什么新鲜事，当然，这也得益于由滇越铁路带来的新的思潮和空气。

为纪念“重九起义”成功而改名的光华街

对于缪云台来说，更真切的变化来自教育，虽说启蒙教育仍是从私塾和《三字经》、《百家姓》开始的。但当他7岁时，另一个重要的改变发生了。1903年，当时五华书院的掌院陈荣昌，因为支持维新运动，主动将五华书院改成“五华学堂”，只要是适龄儿童都可以入学，学生不住校，学堂还免费提供一顿午餐。因为学生多，所以上课下课都要摇铃，吃午饭则是敲击硬木棒为号。那时昆明人有首童谣是这样的：“昆明有个陈荣昌，书院改学堂，读书摇铃铛，吃饭敲棒棒。”缪云台便是这所“敲棒棒”的新式学校的毕业生。五华学堂还是要学《三字经》《百家姓》和《四书》的，但也增加了历史、地理之类的课程，从他的疑问中可以看出，这个孩子显然是严重偏科的。缪云台在这所学校学习了三年，算是小学毕业了。

五华学堂也设有高年级的班，恰好1907年时，哥哥缪嘉寿进入了旅日留学的预科班。在此影响下，13岁的缪云台，不再打算只是课程里加设历史、地理之类的课程，他想要学习全新的知识。于是，他偷偷与同学相约着报考了刚刚在昆明建成的方言学堂（就是外语学校）。因为是背着父母去报名的，不敢用缪嘉铭这个本名，于是自己起了一个名字——缪云台，从此以后缪家的这个小儿子就是——缪云台了。（事实上，是两个名字都在用的，在后来富滇银行的公文上，永远是“缪嘉铭”，自称，或是亲朋好友则是两个名字都会用。笔者总喜欢用“缪云台”称呼这个伟大的金融家，因为这是他给自己的名字，带着某种象征意义，出挑，却又是婉转、不背离的。）

秘密当然终归要被揭穿，考试前夜，恰好母亲不在家，这孩子就自己跑去煮鸡蛋，打算次日考试时吃。这个举动被父亲发现了，询问之下，缪只有如实交代。然而，缪云台的父母发现幼子做了这样惊世骇俗的选择后，既不意外也不阻止，甚至鼓励儿子放弃追求所谓的功名，去学习新知识。

要知道那是1907年，还有4年才是辛亥。这种对新事物不排斥的特点也许要拜云南人长期作为帝国边缘所赐，在日后这个特点将帮助这片土地大放异彩。在缪云台的自传里，对少年的描述温情款款，像所有的新新人类一样，老年的他仍记得茶馆、说书的、听戏、遛鸟的市民、严厉的老师和出洋相的同学。似乎没有大多数这个时代革命家的忧国忧民，在这个“90后”的眼里，辛亥革命和新世纪的开启，更多的是费维凯的认识之二——新时代政治启幕，一切皆有可能。

这个古文不大通的孩子，却在方言学堂里如鱼得水。因为这里主要的课程就是英文，此外还有国文、地理、历史和数学，用的教材则直接是京师大学堂的预科教材。老师大多毕业于京师大学堂和北京水师学堂，教授英语的还有外教。缪云台说自己到美国留学时，毫不感到吃力，都是这时候的基础打得好。

云南方言学堂，在一年后即改成“云南高等学堂”，这是云南开办的第一所外语高等学堂，设日、英、法三个专业。缪云台他们的监督是童振藻，教务长是叶瀚。童振藻是非常著名的学者，他纂写了我国第一部城市志——《昆明市志》，编著了第一部云南地方志目录、第一部云南地震专著。如此大牌的教师和设置，造就成绩优异的毕业生是无虞的。学校本来就有计划要选派其中优秀的毕业生到日本、欧美留学。云

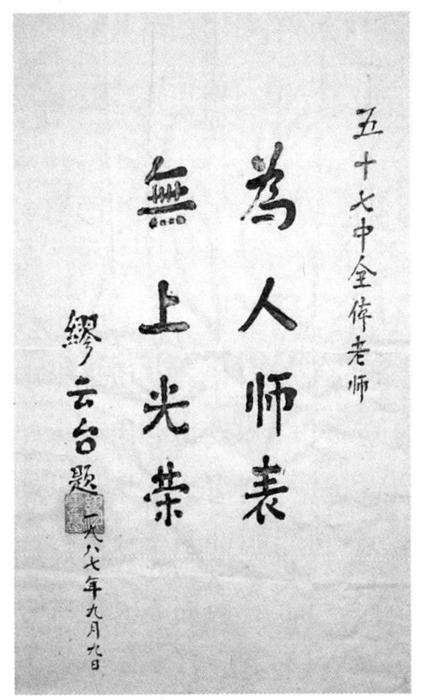

缪云台先生题字

南有欧美留学生就是从这个学校开始的（李根源、唐继尧他们留学日本）。

四年以后，缪云台就是被遴选出来的优秀毕业生之一，留学的经费由政府负责。1913 年，19 岁的缪云台和其他孩子一起踏上旅程奔赴异国他乡。6 月，他们登上了滇越铁路的列车，从昆明到越南海防，又从海防乘船到香港。在香港他们将分道扬镳，去美国的 6 人，去法国的 2 人，去香港 12 人，还有两人去德国。后来那两个去德国的因战争无法成行，仍旧是去了美国。除了学费，省政府还给他们每人每年 600 银元的“零花钱”。

缪云台他们去美国的 6 人，是由香港经日本大阪再到旧金山。对这些第一次出远门的少年来说，路上的一切都是新鲜的：大海、大船，甚至人力车夫都是这些云南孩子第一次见到的。

有趣的是，年轻的缪云台感受到的不是自卑和愤懑。也许是天性使然，他只看那些带有启示和希望的东西，仿佛只有正能量才能入他的眼。在他的自传里，人们几乎找不出绝望或悲愤的情绪，这在他的那个时代的有识之士中是非常特别的。在日本他详细记录了日本女工如何为大船加煤，如何一有空就看报纸；他发现日本人生活简朴、礼貌待人、教育质量颇高。他甚至参与船上的小小赌博，即使输了，也只是轻描淡写地写了一句：“我们当时想到置装费、零用钱带得不多，如能赢点钱也好，殊不知不但没有赢钱，荷包里的钱反而减少了。”不知为何，与不那么美好的自我和解，竟然是银行家们最普遍的共性。他们可能吝啬、古怪、狡诈、阴险、聪明、勇敢，甚至是机会主义的，但从不讨厌或怨恨自己，从夏洛克到缪云台均是如此。

从日本的横滨出发，两周的航程，缪云台和同学们就抵达了旧金山，与他们一起抵达的是来自清华的十多名留学生。

缪云台先是在美国中部堪萨斯的西南大学学习了一年语言，此后，按省政府的意见被分派去学习矿冶，继而先后就读于在矿冶方面颇有建树的伊利诺伊大学和明尼苏达大学。据缪云台说，在明尼苏达，他和其他六个留学生得到了很好的照顾，并未因为是中国人而受到歧视。

在明尼苏达，缪云台一如既往地热衷于观察当地风物。令他印象深刻的是电冰箱、极受欢迎的垒球明星、非常普及的电影院及家用轿车。他甚至和同学筹钱买了一部二手车。他还利用假期到铁矿和造船厂打工，看起来能很好地融入当地社会的样子。他还连续两年将自己的生活费分给有困难的同学，这个同学名叫陶行知。

二十出头的缪云台也非常爱国，他听到有人看到中国人时说："穿得这样整齐，我还以为是日本人呢！"觉得非常气愤；听到袁世凯签署了"廿一条"后，"感到国家受到这样大的耻辱而不能自拔，真觉得脸上无光，内心十分痛苦"，但很快，他的注意力就转向了"美国那时的社会，正是资本主义上升的时期，除了种族歧视外，其他还是比较令人愉快的”。笔者特别喜欢缪云台自传里的这句看似平凡的表达，也许这就是金融家的个性特点吧——上升的，愉快的，有希望的，而黑暗的部分则是可以被“除了”的……

对于矿冶的学业，在他的自传里反而鲜有记载。不过对此也许不值一提，因为还有什么比未来的银行家像海绵一样吸收一个先进的社会机器的点点滴滴更重要的呢？

缪云台在美国期间，哥哥缪嘉寿的仕途正隆，重九起义后李根源任革命军第一师师长负责滇西战区，缪为其参谋长。民国元年（1912）三月，蔡锷都督任命缪嘉寿为大理陆军第七团团长。此时的缪嘉寿已是云南省军都督府中至关重要的将军了。护国运动开始以后，李根源任反袁军务员的参谋长，作为李根源的参谋，缪嘉寿也赴广州工作。此后缪嘉寿又任护国军

云南重九起义后成立的云南军都督府

兵站总监，并深得唐继尧信任。1915年，因为唐继尧对原财政厅厅长吴琨不满，缪嘉寿便升任云南省财政厅厅长。

滇军的纪念勋章

护国期间，海外有许多捐款给云南，特别是在旧金山的同盟会，常常需要跟云南方面联络。因缪云台是财政厅长的弟弟，这个工作就常由缪云台兼任。1916年，缪云台利用暑期，将旧金山同盟会的捐款带到上海，在上海换成银元后，再带回云南。在此过程中，通过哥哥，缪云台与很多护国名将熟识了，当然其中也包括唐继尧。

1918年缪云台从明尼苏达大学本科毕业，他甚至在纽约的王肯钢铁公司找到一份工作，在纽约工作了一年。1919年回到了昆明。

也许是受到《摩根财团》对一代金融霸主——摩根描写的影响，在笔者印象中，新世界的金融家总是有着不堪回首的身世，阴郁的性格，自卑和自负交替的偏激人格，谨慎、乖张、敏感等等。但这些形容似乎都不能与缪云台搭上关系，《缪云台回忆录》是老人七十多岁高龄时写就的，对年轻时无关紧要的细细碎碎仍记忆犹新，并且对周遭发生的一切的兴趣远远高于自己，字里行间透露着明媚的眼光、无限的希望，对新时代的向往和信念。没有过激的言行，不批判、不指责，乐于将自己融入周遭的世界。丝毫不觉得自己是乡巴佬，不因此而自卑。若想从缪云台身上找到传说造就了第一代摩根——乔治.皮博迪的“殖民地心态，自豪感中潜藏的自卑感”，恐怕就要失望了。尽管身在美国的云南人缪云台，比一个世纪前身在英国的美国人乔治·皮博迪有更多自卑的理由，但他就是不曾这样。

领主时代

并非所有人都像缪云台那样对明天充满希望。正当缪云台在美国看着冉冉升起的资本主义之星时，他的祖国正饱受分裂摧残之苦，即使再乐观的人也会觉得痛苦。当然，你也可以将其视作演出开始前纷乱的序曲。

在缪云台离开云南的时候，两个与其生命联系紧密的机构已经存在，并随着时代极速发展。

19世纪末到20世纪初，蒙自、腾越、思茅等三海关开设，大大拓展了云南原有的商品交易区域。云南省的对外贸易飞速发展，远远超过国内贸易。但这本身又是由于东南亚殖民地经济的发展和西方工业革命对矿产品的渴求演成的。在此刺激下，一个以昆明、蒙自、玉溪、下关、昭通为中心的省内城市贸易圈开始形成，贸易也得以凭借这些中心城市，得到更好更完善的辅助性服务，比如一向令云南人非常骄傲的邮政、电力、电话和金融在这些贸易中心城市中发展。而这些辅助设施又反过来促进了贸易的进一步发展。

贸易的发展令云南的经济和政治地位有了极大的提升，1910 年滇越铁路的通车，正是基于这个基础的，法国耗时 7 年在云南的崇山峻岭间修建了这条铁路，无非是觊觎云南铁路沿线丰富的矿产品，同时，也是对云南这个日渐关键的经济、贸易、政治区域的正式投资。

然而这条铁路，又带来了经济发展的正效应。首先，滇越铁路通车以前，云南的主要输出产品是大锡，最大的输入产品是棉织品，在滇越铁路通车以后，这两项大宗商品都经过香港转运，前者经过香港运销欧美，后者则经香港进入云南。其他物资也莫不如此，云南的贸易圈由此与香港联系起来，而香港无非是个中转站，云南贸易的目的

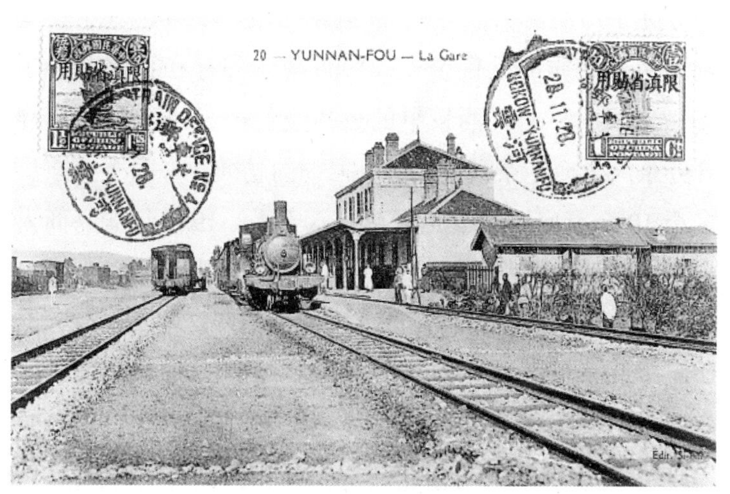

滇越铁路明信片

地经由香港理论上就可以抵达世界的任何一个角落。其辐射范围与之前依赖马帮的时代就大相径庭了。加之云南出口商品——主要是矿产品的特殊性和唯一性，云南在经济上，在20世纪初站上了一个新的台阶。

除了大宗舶来品，铁路的开通也舶来进步的思想、理念和技术。云南是全国第一个利用水力发电的省份，1909年耀龙电灯公司斥资27万元经由滇越铁路进口了两台西门子240KW水轮发电机组及送配电设备；1904年和1910年个旧锡务公司先后进口了洗砂、制炼、化验、电机、架空铁索等机械，共花250万元（值108万马克，合银50余万两），也是经由滇越铁路的。如果没有铁路，很难想象这些大型设备如何能运到云南。

当技术、设备成为可能以后，一批蠢蠢欲动的资本家登上了历史舞台。"从20世纪初滇西陆续出现了一些资本主义性质的近代企业，1908年永昌祥在下关开办了第一个茶厂，是滇西较早的近代企业……1908年永昌祥开办茶厂生产沱茶开始，各商号纷纷仿效，一时下关茶厂多至10余家雇用季节工人至五六千人。1917年盐兴商人王怀庭在下关集股首创济兴火柴厂生产玉龙牌火柴。1921年腾冲商人张南溟回腾冲创办腾冲火柴厂，资本4万元，产品较好，后来滇西又陆续出现了七八家火柴厂。"1909年，"钱王"王炽的儿子王鸿图继承父业，掌权后的第一件事就是倡办昆明耀龙电灯公司，1910年建成投产，1914年"小钱王"又参与开办昆明自来水公司。

像缪家这样的小资本家，于是就愿意让大儿子去推翻那个不能给他们保护和支持的旧政权，同时又愿意送小儿子到大洋彼岸，看看那些商品产出的地方，以及自家矿石运抵的地方。

“除了经济的发达以外，由于新式学校和军事制度的成立，昆明的政治地位提高了，而在知识分子、军人、大商人等云南省人里‘云南为云南人之云南’的认同感也形成了……云南在辛亥革命和护国战争中发挥了显著的作用，全国享有盛名。一九一三年以后，统治云南的唐继尧积极介入全国的政治纠纷，展开了向四川、贵州、广西等方面的扩张政策。这样，在政治上，云南越来越强化跟中国中心的联系……对民国前半期的云南，政治家的往来比以前容易起来。越来越多的学生利用铁路去外国和国内大城市求学，国内的报纸、杂志和书籍的运入也增加了，由此云南的文化水平提高起来。随着欧美，特别是法国生活方式的流入，在昆明的繁华街出现许多西式或中西合璧式的建筑物，建起了西式餐厅、咖啡馆，有

唐继尧戎装像

些富人开始穿西服，吃西餐，喝洋酒。”

可以说，缪云台青少年时期的云南正处于一个经济发展的上升时期，对未来充满希望并不难理解。包括缪家两兄弟在内的云南人认为新政府一定能弥补清政府的不足，给这个东南亚贸易枢纽带来公平交易的平台、完善的金融、贸易和安全服务。然后，他们就相信这块土地完全可以像缪云台看中的日本和美国一样，拥有发展和富裕的机会。

但是，让人遗憾的是，20世纪的云南拥有的机会中又包含重重危机。

同样是未来伟大的银行家，同样来自矿藏丰饶的新兴殖民地，同样怀揣建设家乡的美好梦想，缪云台到美国的时间比乔治·皮博迪第一次抵达英国的时间整整晚了一百年。一百年的迟到意味着，列强们已经前所未有地强大，即便缪云台智慧和勇气不一定输给皮博迪，他也没有机会建立一个摩根王朝。再晚些时候，宋子文曾被人们称作“中国的摩根”，但是所有的人都知道——他不是。

已经来不及积累资本，而且云南最可称道的资源禀赋又的确不是火柴、棉纱、羊毛这些“投入少见效快”的品种，云南的资源禀赋天生就必须大规模地投入，除了政府，的确没有哪个民间资本有能力投资建设一个大型锡矿或是炼锡厂，于是只能转而依靠政府。

以即将与缪云台有紧密联系的大锡为例，云南从上到下都知道它的重要，别的不看，就冲滇越铁路的路线，就知道大锡的分量。战乱频发的20世纪初，令这种重要的战略物资变得身价百倍。在此前提下："云南于1905年首创官商合办的'个旧厂官商有限公司'，该公司创办之初官股为48.5万元，占73%，商股18.1万元，占27%。然而该时期公司业务仍基本沿袭了前期政府'放本收锡'的经营内容，即先将货款预付给各炉号，待锡品产出后，由公司按市价折算抵偿此前的预付货款，然后再将从各炉号购入的大锡集中运销香港……宣统元年（1909），云贵总督府将原来的'个旧官商锡务公司'改组为'个旧锡务有限公司'，王夔生任公司总理，将官股由48.5万元增至100万元，商股由18.1万元增至76. 95万元，增设开采、冶炼厂，耗资50万银元，向德商礼和洋行订购冶炼、洗选、化验、动力等机械设备，'这些设备就当时来说已颇具规模，其中包括一个14公里的空运索道，一个通用的洗砂场，三个炼锡倒焰炉，三个净锡炉，两个煤气发生器'，1913年正式安装投产，这既是个旧锡矿使用机械开采、冶炼之始，也是现代机器设施在矿业生产中成功使用的开端……这是云南省矿业中最大也是最早由官商合办而成的具有工业化意义的股份公司之一。"

虽然这是历史的客观现实使然，但也造成了问题重重，不依赖政府就没有商人有能力兴办这样大型的企业，利用不了云南最有价值的资源。而过分依赖政府——没人知道政府的注意力是不是放在工矿企业。

政治家当然也希望发展经济，但对于他们来说，另

唐继尧头像银元

一个充满吸引力的事业就是扩张势力范围和统治疆域。以当时统治者的思维方式，没有人能预计到大企业有可能带来大收入，他们的习惯想法是富饶且数量众多的土地才是财政的保证——典型的农业经济时代的惯性思维方式。这样一来，征伐，为了更多的土地和税源，就是政府的第一要务，同时，战争也就成了政府的“主营业务”，是财政需要保证的至上目标。

民国中期郭垣曾这样评价唐继尧的财政：

归纳讲来，那时的财政现象是这样的：（一）财政与金融不分……（二）收支预算的阙如，财政上可以说没有预算，在收支相抵的情形下还没有什么，入不敷出之时，问题就大了。预算制度不行，开支亦无撙节，而入不敷出的情形更是其结果，也就更使预算制度不行了。（三）税制不合理，民国十九年以前，滇省赋税多系沿用前清旧制，办法庞杂，税目繁多。几乎无物不税，无处不征。增加农民负担摧残工业发展。到了后来，税源减少，收入也就难望增加了。（四）征收割据，坐地开支：民国十八年以前云南省内还没有统一，省政府的权力极小，各县军人将所管辖区域内的赋税都直接征收，同时也就坐地开支。省政府财政厅在他们看来是形同虚设的。（五）任意摊派、铢求无厌。那时候赋税制度还没有建立起来，各级政府以及军事机关大多巧立名目，任意摊派苛捐杂税。人民不胜其扰，而省财政也就更向崩溃破坏那条路上走。（六）征收人员的侵蚀中饱，财务行政不能形成制度，遂使征收人员的侵蚀中饱等弊端浸延滋长起来。他们收多报少，隐匿欺瞒，在人民方面感到赋税负担太重，在政府方面却感到税收短绌。这个弊端是过去我国财政的致命伤。滇省也许更厉害些。（七）会计制度的不立。民国十九年前的云南财政谈不上什么会计制度。账册的记录什九不甚完备。记载方法也大多采用旧式。各机关会计人员都是各机关长官的私人关系，和他们共进退。弊端所及，不仅收支状况没有详确的数目，而也使负责人员狼狈为奸。

如此极尽贬斥的言辞，透露着愤怒、不满和失望。想当初，像缪家三哥这样的云南青年，之所以参加革命，是因为晚清政府既没有能力也不愿意为新兴的资本家提供哪怕是最基本的保护和帮助，而这是跨区域贸易和矿业发展必不可少的。

与缪嘉寿并肩战斗的庾恩旸（他也有个弟弟日后是富滇银行的行长之一）是墨江从事茶叶贸易的大户，而李根源来自腾越——云南的对外贸易前沿。云南的将军中来自商人家庭、贸易口岸的很常见。你若在江南的古镇旅游，那些精致的园林里总有个把声名赫赫的文化名人、诗文泰斗；而在云南传统商路上的古镇旅游，华丽的深宅大院里总会记录着一个辛亥，或是护国时期的将军，这是很有意思的现象。

然而，讽刺的是，革命胜利了，他们却亲手建立了一个穷兵黩武的政权。我们来看缪嘉寿意味深长的上任，对这个政府的荒唐和无奈，就可知一二了：

吴琨和唐继尧是旅日的同学，同一时期富滇银行的行长也是同一期的旅日学生，加上那个没有成行的缪嘉寿算是半个旅日学生，总之这几个人都是同学。

吴琨，昆明人，一样是晚清的进士。一样曾进过翰林院，与顾视高同年被选送赴日留学，当年云南籍的留日学生有 41 个，学政法的就两人，就是吴琨和顾视高。这样的情谊实属难得。回国后，吴琨成为讲武堂的教官。辛亥年，吴琨在昆明参加了重九起义。吴琨与富滇有着不解之缘。当时给蔡锷拟成立“公钱局”的报告是财政、实业两司司长草拟的，报告还包括了日后富滇的第一个章程。而吴琨就是实业司司长，后来他转任财政司司长。

那时的吴琨一定是想和老同学唐继尧一起，以富滇银行为平台，为云南经济的复苏做一番大事业。他一定没想到迎接他的是如此不堪的职业生涯。其中最最令人伤心的是，唐亲自撤去了他的财政厅长职务，命令远在红河的缪嘉寿接任。虽然嘉寿也是同学，但嘉寿是军人，与吴琨、顾视高他们俩科班学习政法的终究不同，而且唐继尧任命缪嘉寿之时，嘉寿正在外征战，根本无法回昆明履职，唐继尧免掉吴琨职务并非真的要缪嘉寿掌财官之职，而是意在自己独揽财权，让吴琨不能干涉他超额发行纸币的行径。新任财政厅长既然不能上任，唐竟然要吴琨以“代管”之名继续干着财政厅长的事儿，长达两年之久。

吴琨一免，唐就命富滇取消军用券发行的上限，也就是说，他唐司令在前线需要多少，富滇就必须为其输送多少。

富滇的行长顾视高愤而挂冠而去，而吴琨从未离开

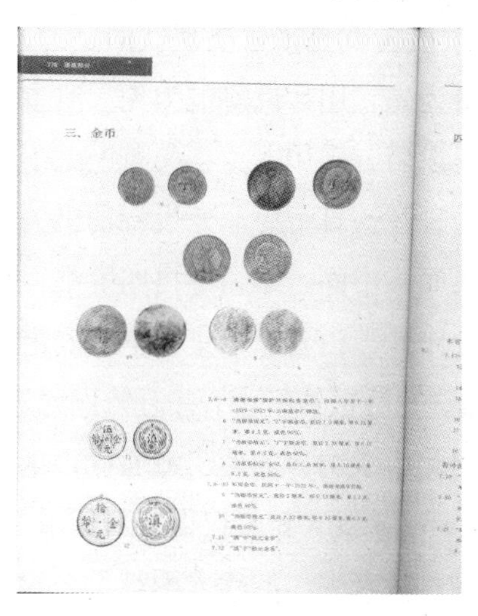
三、金币

富滇银行发行的金币（俗称唐头金币）

續脩昆明縣志

顧視高署

顾视高主编的《续修昆明县志》

省政府，也许是太放不下云南父老，龙云编《续云南通志长编》时，吴琨撰写了其中民国二十年以前的财政部分。因研究财政金融，笔者读这部分，遗憾、惋惜和不甘充满着字里行间。特别是说到他亲手创立的富滇银行，每一句，都像是在叹息。

富滇的悲喜剧

为什么要叹息呢？源于富滇银行实在有一个太光明太积极的开端，和一个希腊悲剧般的结局。

1911 年 11 月 12 日，革命以后的地方政府刚刚成立没几天，财政、实业两司的司长（陈价、吴琨）就向蔡锷都督请示，申请成立一家“公钱局”。

他们在报告中说明这家机构就是来解决缺钱问题的，他们说：“窃维立国以军事为先，用兵以筹饷为先。滇本瘠区，平日已赖协饷，反正以后，需用尤繁，又兼汇兑不灵，银根奇紧，市面恐慌，日甚一日……非速设特别机关以维持一切，断不足以变通而维市面。本司等再四筹维，于财政困难之时，为通力合作计，由公家厚集资本，妥定章程，先在省城设立公钱局，发行银钱纸币，并赶铸铜元，所有通省前令厘税，均可用此币缴纳，务使三迤通行，毫无阻滞。”这里说得很清楚，一来呢，新政权得有新货币，上缴厘税什么的都得用新钱；二来呢，的确太困难了，发行货币能够补益财政不足。

但就是这么一个瞌睡遇枕头的提议，蔡锷却不同意，蔡锷希望新的经济机构会是政府的某种工具和延伸，通过它，云南能够实现“富民兴滇”的革命初衷。这样的机构就不是公钱局，而是银行！

他给实业、财政两司的回复信函极其翔实。他说，“名

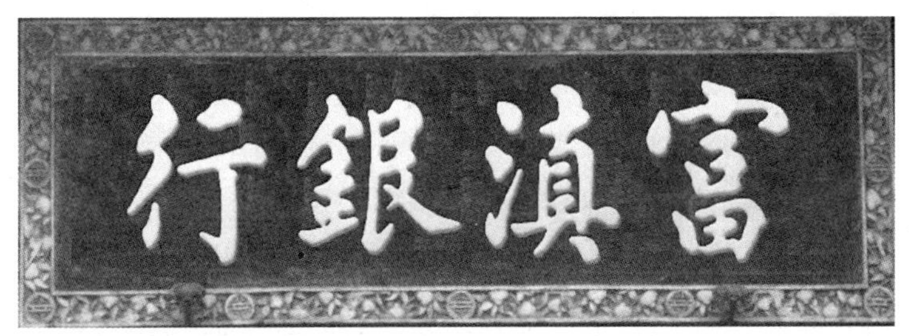

富滇银行的牌匾

昆明市威远街原云南富滇新银行旧址

为公钱局，未免太小”，长篇大论地谈了他理想中的金融机构，除了发行货币之外，这家机构还应该“专从存放抵押汇兑事业，是与储蓄按揭汇兑等银行性质相合……以期财政巩固，便利民间，尤为切要”。最后他说，名称嘛，不如改为“云南储蓄按揭汇兑银行”，或是“富滇银行”，或是“富国银行”均可。这就是“富滇”二字的最初由来。

名字一定，很多事情都有进展了，章程可以将原来拟的公钱局章程直接改成《富滇银行章程》，原来的局长、副局长人选，改成银行总理、副理人选。典型的换汤不换药，以至于很多云南人都以为富滇银行的前身是云南公钱局，实则公钱局并未成立过，只是和早期的富滇银行别无二致。

富滇银行于1912年农历二月九日，挂牌成立，地址就在威远街，行长和副行长就是当初那份报告中公钱局局长和副局长的人选——黄凤祥和谢永嘉。但是发布的公告中称：“所请委充正局长黄凤祥改充银行总理；副局长之解永嘉改充协理……”地址就在五华山山脚下，正义路威远街街口的地方，找了一处两层楼的房子，作为富滇银行的处所。

那一年农历二月初九已是3月时节，乘着春雨，圆通山上刚刚种下几棵樱花和海棠；隔着这家银行不到一百米的小巷子里，一个后来被叫作聂耳的婴儿刚刚满月；再过几天，石龙坝水电站开始发电，数十只白炽灯在金碧路华灯初上，昆明人扶老携幼竞相去观赏美丽灿烂的路灯。

印有告示的第一版滇币

1912 年，富滇发行的纸币

云南中国银行兑换券（可见盖有“云南”字样印鉴）

富滇银行的开设，只是那一年众多新变化之一。而云南人像欢迎其他的新事物一样接纳了富滇银行。

银行开业了，但是在财政司司长心里，心心念念想的是：财政没有来源，却总有李根源、唐继尧这样在外征战的将军管他要军饷，试想这个财政厅长该有多着急吧。于是富滇开业之前，就宣布新货币即将发行。民国元年（1912）农历二月初四，富滇银行正式宣告纸质滇币将公开发行。云南财政、实业两司就向全省发布公告称："本司等奉军都督府命令，创设富滇银行，发行各种纸币与银元一律通用，凡一切钱粮厘税，均用此种纸币缴纳，军饷官俸，亦用此种纸币开支……有持此种纸币赴本行及分行兑换银元者，无不立即兑付……此种纸币由公家发行，由公家担保，绝不使民间有丝毫损失。"

几天以后，富滇银行和其第一个产品——滇币一起面市了。笔者常揣想，这个告示就贴在金马碧鸡坊的柱子上，下面人头攒动，熙熙攘攘。他们最关注的会是哪一句呢？想来应该是"纸币与银元一律通用……由公家发行，由公家担保"。1912 年，富滇发行的纸币，面值有半元、1 元、5 元、10 元、50 元、百元的大钞，也有 1 角、2 角、5 角的小钞。为了在最短的时间内取信于民，刚才提到的那一则公告甚至被印在了纸币的一面。

话说辛亥以后，像云南这样推翻了清政府，建立了自己的地方政府的并不在少数，他们中的大多数也会成立一家地方政府银行，发行货币。像富滇和滇币这样的地方

富滇银行民国九年 5 角滇币

富滇银行民国九年 1 角、2 角滇币

富滇银行民国七年 10 元滇币

富滇银行民国十年 10 元滇币

富滇银行民国十年半元滇币（票样）　富滇银行民国十年 1 元滇币（票样）

富滇银行民国十年 5 元滇币　富滇银行民国七年 5 元滇币

银行和货币，当时在中国大地上，不在少数。但效果能好成富滇初创时那样的，凤毛麟角。

一是纸币比银币还值钱。1913 年以后，“商人以纸币便于携带，亦乐用之……纸币信用既固，以硬货兑换者，因供不应求，尚须贴水”。意指纸币的价值比银币还高。

二是财政收入打了翻身仗。1912 年年底，蔡将军在《滇省光复始末记》中称：“新政府成立之初财政上不甚困难，金融机关甚形活跃……实为南北各省之冠”。“实为南北各省之冠”这是真的，据史料记：凭借铸币和纸币收入，1912 年云南财政不仅没有发生赤字，反而节余近 20 万元。从一个百年来都依靠协饷维持的“贫困省”，一举转变成了一个盈利省，这一年，连打仗、带新政府组建，折腾下来，居然还有盈余。

二是“废两改元”。“废两改元”的意思就是“不用银两，改用银元”。到了 1912 年年底的时候，富滇纸币和与纸币相对应的银币实在太流行，云南全境就几乎没人再用银两了。云南全境在 1913 年左右就完成了“废两改元”的大跨越。

说到这里，一片喜气洋洋，清政府也赶下台了，困扰新政府的财政问题也解决了，贸易也促进了，金融也成功了。

但是，如我们刚才说的，这样的财政是难以为继的，唐继尧也明白没有哪个政府可以依靠印钞票得以生存的，而“依靠企业”又还暂时没有长出那根弦，唐继尧想出的

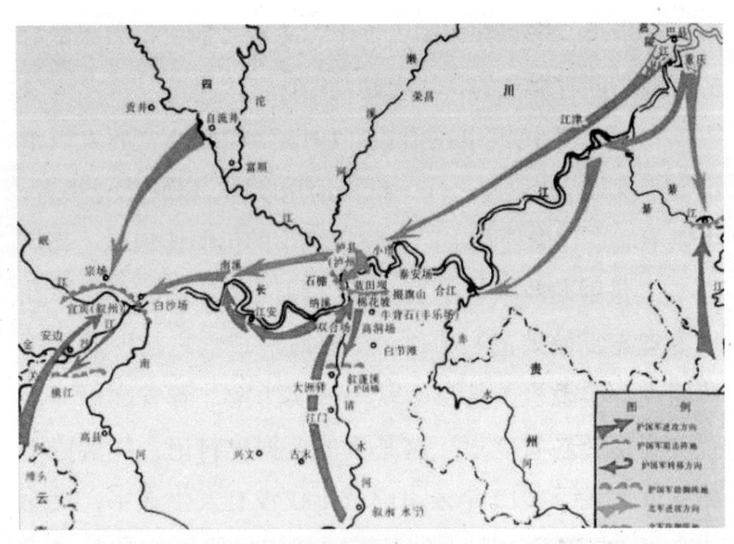

滇军出战的军事地图

“招”是去抢夺更多的土地和税源，于是就得打仗，但是打仗也需要钱，没有钱就不得不胁迫富滇发行纸币暂时维持，然而唐继尧当然认为这将是暂时的，战争胜利，富饶的四川或是广西将有税收来填补这一窟窿。不曾想，爆发式的通货膨胀是覆水难收的，连带发行货币的银行也跟着遭殃。

滇军出战

1927年，当时的富滇银行，网点从50余家直接收缩为5家，就这5

家还不能天天开门，开门了也不能保证有钱。

1932年时，富滇后来的行长缪云台曾组建了一家小银行——劝业银行。说曾有笔钱想要存在富滇，但是考虑到当时富滇对钱是执行“认进不认出”的原则，所以只好把钱当成货物寄放在那里，这样第二天才能取出来。什么叫“认进不认出”呢？也就是“有去无回”呗！你可以把钱存进银行，但是不保证明天它能开门，开了门也不保证这笔钱还在，这叫“认进不认出”。银行开到这个份上，也就绝了！

再说滇币吧，云南市面上已经不交易了，老百姓用汇理行的法币、用其他小钱庄的兑换券，甚至用盐块、用茶叶的都有，大宗贸易就用金银。在蒙自的博物馆里，笔者曾经见过一张1930年的个碧石铁路兑换券，很有趣，且不说个碧石那么一段小铁路的小公司都自己发行兑换券，就说纸币上印着几个字（假设是5元的）“凭票即付五元现金”，用词、字体、花纹全都跟滇币上的一模一样，你看当时发行个兑换券，连票面样子都懒得重新设计了。

滇币和港币的牌价，1912年到1914年都是1∶1的，黑市交易还需贴水，就是1块钱滇币能换1块2港币，1927年，是755元滇币换一块港币，到了1930年前后，港币已经没有滇币牌价，意思多少钱都不换了。

滇币的失败的确是由于唐继尧的穷兵黩武，对原有较好且健康的金融资产消耗过大。这很好理解，一家之主，不愿工作，天天不是惦记去隔壁城镇“主持正义”，就是没钱的时候到隔壁村子抢点粮食。无论他主持的到底是不是“正义”，反正这日子肯定是过不下去了。每个人都会指责这个一家之主的荒唐，然而，有没有人为这个不争气的男主人想一想，如果不依靠战争，不去抢土地，政府还能依靠啥？这一“铆窍”要等着我们的主人公来解开，所以有必要在此先浪费笔墨写一写，这一“谜题”。

更悲哀的消息接踵而来，一战进行中，云南盛产的大锡，要用来做罐头、枪炮、子弹，是极为重要的战略物资，仗打一天，就供不应求一天，唐政府也是因为大锡而底气十足的，当战争结束了，1923 年后，大锡价格随之一落千丈。“欧战后锡价惨跌，而洋货进口与日俱增……十二三年间，大锡出口尚不抵蒙自一关之漏失……而进口货大抵运至昆明，销于省内。是每年漏损，尚不止入超之数亦硬货逃逸与金融变态之一重大原因。”

云南人有句骂人的话，说这人又老又没用，就说“你个老滇票！”曾几何时滇币代表的意思变成了老而没用的。这是多么哀伤啊！与此同时，远在北京的鲁迅，正坐在绍兴会馆的槐树下，郁闷非常，情同所有的中国人，他说“从密叶缝里看那一点一点的青天，晚出的槐蚕又每每冰冷的落在头颈上”。这句话很适合 20 世纪 20 年代的云南人，好不容易看到的一点点希望，为什么稍纵即逝，随之而来的打击总是有过之而无不及。

那个天才领袖唐继尧的政治生涯也随着滇币的大势已去大踏步地迈向终点，1927 年，因为不满意粮饷严重缩水，云南发生兵变，唐继尧最信任的四个镇守使亲自把他请出了五华山。

把罪责都归于缪嘉寿或是唐继尧是不公平的，另外，这样的“指责”也是毫无裨益的，因为当事人也决不想有这样的结局，他们既是悲剧的始作俑者，又是无奈的历史局限性的受害者。这个怪圈要等着一个巧妙的制度设计来解开。对唐继尧来说，他决不能容忍吴琨干涉他发行货币，是因为政局的稳定需要财政有保证，而云南却并不富有，为了更多的财政收入，他能想到的就是去抢，而战争的耗费巨大，并且时不我待，就算他知道滥发纸币的恶果，也只能饮鸩止渴了。而且唐继尧至少没有像其他省的军阀一样向殖民者的银行家去借，倒不一定是他特别爱国爱家，实在是贷款需要压上矿权路权，对于云南来说，除此之外别无长物，唐继尧舍不得。而富滇银行的纸币，就算是一杯毒酒，总算是有得可以喝的。

无论如何，20 世纪初的云南政府，无论新旧，自保都难，并没有太多余力来照顾工矿企业。一是没有余利，二是没有意识到企业之于财政的“可能性”。

当然除了政要没有做到“与时俱进”这一原因外，企业自身的孱弱也是原因，不然，没有理由自家放着个金娃娃，还要去抢别人家的庄稼地的。比如，虽然云南大锡受到市场追捧，而且唐继尧对于矿权也的确做到了寸土不让，但并不意味着云南人就是大锡的主人。由于关税、金融、货币、资本不能自主，大锡即使在最辉煌的时期，其创造的财富却并不属于云南人，云南出口的始终是矿石这样的初级产品，不掌握定价权。加之中国从1840年以后到1929年的关税不能自主，由于中外进出口税率的不对等，中国的对外贸易始终处于被控制被盘剥的不利地位。在进入20世纪后，云南锡矿业基本上保持每年6000～8000吨生产规模，但在这个规模中能够自己消化的却微乎其微，这样的格局就造成了国际锡价一旦有风吹草动，必定是云南经济的轩然大波，其他出口物资也大抵如此。所以云南经济的抗风险能力是低下的。

这也反过来说明为什么唐继尧认为只有得到四川、广西、贵州，他的财政才会安全，因为那里的财政依靠土地，而由土地得来的税收不需要仰赖国际市场定价，只有这样，他的政权也才能安全。而他始终不明白，真正应该做的是直面这一经济无抗风险能力的矛盾。

以上就是阳光少年缪云台，即将要回来面对的烂摊子。而与此同时，在云南以外，在中国，情况一样是喜忧参半的。

首先中国人已经很清楚，只有发展工商业才能避免亡国，晚清新政虽然是清王朝灭亡前最后一次挣扎。但新政职能部门中增加了“农工商部”，在教育中我们看到启蒙了缪嘉寿的新式军校——讲武堂。在缪云台幼年的教育里也增加了历史、地理之类，甚至在云南这样的帝国边缘，在1907年就有了专科学习外语的“方言学堂”

辛亥革命后的《中华民国临时约法》是非常典型的

保护资产阶级利益的宪章，其中标志性地规定了“人民有保有财产及营业之自由”。

哪怕是一心复辟的袁世凯，也认识到必须鼓励发展资本主义经济，他任用张謇当他的农商总长，张謇在任时制定了大量鼓励发展工商业的法令。自 1912~1923 年北京政府共颁布有关经济方面的法规 76 项，当然，其中大部分都是在 1915 年以后颁布的。在此大环境的激励下，各地商营，或官商合营的实业方兴未艾，蓬勃发展。

袁世凯死后，军阀割据开始，云南的唐继尧也是重要的一方霸主。当然政治的动荡不利于资本的集中，像云南这样需要大量资本先期投入的经济类型，甚为困扰。同时，混乱动荡的政治下，也不可能解决上文说的在对外贸易中的公平地位，云南也深受其害。

讲武堂

但是，不能否认的是，从另外一方面，1915 年以后，中央集权极度削弱，也留给各地资本主义的发展以前所未有的空间和各种可能性的实验场。富滇银行，作为一个成功的货币发行银行，无疑就是其中之一。富滇最初的成功，前提条件是云南地方政府割据称霸的事实。当然要保住这一割据势力，富滇银行也为此付出了极大的代价。

所有的客观现实、原因、结果，实际上都是在地域的水平面上相互联系，又在时间轴上相互关联的。很难看清，打破什么会招致什么，追求什么又难以避免什么。以缪嘉寿、唐继尧为代表的新兴资产阶级，曾经以为推翻了旧政权，他们能建立一个帮助云南发展强大的新政权。但是如何才能绕过所有的局限性和障碍，真正做到有利于云南经济社会发展，他们实在没有考虑清楚。

1919 年，缪云台正是在这样彷徨的领主时代里，回到了一群彷徨的革命者身边，和革命以后依旧乱象丛生、不见曙光的家乡。坏消息是，这个时间，他只能看到家乡和兄长们如何彷徨，如何四处碰壁，如何难以跳出不发展的窠臼；好消息是，我们知道，缪云台可不是一个容易彷徨的人。

云　锡

缪云台在美国时，曾经给投身护国战争的唐继尧带回过美国华侨给护国运动的捐款。

1916 年初，旧金山原同盟会会长林森让缪云台利用暑假回国之机，秘密给唐继尧带一笔巨额捐款——8 万美元。缪云台顺利将钱带到上海后，又和当地的同盟会组织取得联系，并最终按唐继尧的要求将款项交到唐昭仪手中。此后，才回到昆明向唐继尧复命。

在这次任务中，缪云台显然并不讨厌这个广受诟病的云南地方军阀。在他的自传中，专门要为唐继尧正名，他说："我想叙述一下我所了解的有关护国战争的史料……我认为唐、蔡、李（李烈钧）三人的功绩是大的。唐在云南有实力，蔡能与之携手讨袁，起了很大作用，但主动则必须归功于唐和其部下的少壮军人。后来梁启超把护国之役说成是蔡锷来滇以后发动的，显然与事实不符……而且唐继尧当时身为护国军都督，蔡不过是护国

重九起义第五次秘密会议会址（洪化桥唐继尧家）

军第一军总司令，他们是上下级关系，怎么能把功劳都放在蔡锷头上呢？再就我回国时林森托带的支援护国倒袁经费的汇票，也是带给唐而不是带给蔡的，也说明唐是主要负责人。”

护国运动谁的功劳更大，是否真如缪云台所说，且放一边。从这段话里可以看出，一方面缪云台非常同情唐继尧，为了改变云南和中国所做的努力。也许，他将自己的努力也归为一类的，只是成功与失败的区别。另一方面，非常清楚地看得出，在缪云台的心里这种对家乡和家乡人的眷恋和同情，也许正是他此生不懈努力的动力源泉。

交完了捐赠款之差，缪云台又揽下一件小任务，因为当时第一次世界大战正酣，那些目的地是德国的留学生忽然不能回学校了，于是缪云台主动向唐继尧请命，自己带这几个同学去美国——无论因为什么，缪云台已经打算要为这个地方政权分担点什么了，或者说唐和缪之间开始有了互动。又或者说明缪云台很愿意为唐继尧做点什么。

总之，这份渴望担当的热情促使他放弃了在纽约王肯钢铁公司的工作，1919 年，他回到了昆明。他的志向是云南锡务公司，这个云南当时最大的官营企业，也是云南最主要的财政支柱。

1920 年，缪家父亲去世。办理完丧事以后。缪云台给唐继尧带去了一份《整理锡务公司意见书》。虽说个旧锡务公司是当时云南最大的近代化企业，在全球也是非常重要的锡业企业，第一次世界大战时，个旧锡产量占中国大锡产量的 80% 以上，占全球大锡产量的 6% ~ 7%，年均净产量达 7000 吨左右，最盛的时候，仅个旧一地矿工就有 10 万人，但是缪云台来到个旧的时候，工人数只有 6000 到 8000 人，这的确太不可思议了。

进入 1915 年以后，锡务公司的经营形势堪忧，主要问题就是上文说的，定价权、税收权都不属于自己，由此导致：锡价猛跌，云南经济就遭遇重创。1919 年，云南大锡的离岸价从前一年的 300 英镑，猛跌至 105 英镑。这意味着连支付运费都非常勉强。云南个旧锡务公司马上就招架不住，工人工资都没钱发（所以工人从 10 万人滑落到 6000 人），刚刚巨资购回的机器闲置，欠富滇银行的贷款难以偿还（富滇银行也因云锡遭挫而步履维艰，因为富滇也没有其他的外汇来源和放款对象），企业陷入半瘫痪状态。缪云台的《整理锡务公司意见书》，正是针对上述状况的。缪云台在这个时候挺身而出，急着想要去解决这一难题，赤诚之心，可见一斑。

缪云台先生写下“锡都行”，他在个旧的时间其实不长

唐继尧虽然也建议

他再考虑考虑。但是这样一个专业在美国学习矿冶，又充满热情的珍贵“海归”，也是唐继尧求之不得的。所以，1920年，唐继尧将26岁的缪云台派到个旧，并任命他为个旧锡务公司总理。

缪云台在个旧的时间其实不长，只有两年不到，中间还经历了一场顾品珍推翻唐继尧的政坛变局，其实应该是两场变局，因为1922年唐继尧又回来了。由于个旧锡务是省政府的企业，缪云台又是唐继尧亲自任命的，所以不能不说缪云台在个旧的任职深受困扰，还未及打开局面，就已经要走人了。

有意思的是缪对个旧锡务现状的分析，未来的大金融家和实业家是如何看待生意的从中可见一斑。

一是资本。他回顾了个旧锡务的历史，他说：“个旧锡务公司是前清末年‘维新运动’的产物，是由当时的后补道王夔生先生倡议，并得到云贵总督及劝业道的支持而兴办起来的……官股占3/4，商股占1/4。没有外国资本，也没有外商资本，更没有外国银行订过附有干涉管理的长期贷款合约，完全是个中国官商合办的企业。当时之所以能创办一个完全是中国人自己经营的企业，一方面是有赖于当权者的苦心孤诣，另一方面也是由于云南特殊的民风。那时云南人有一种绝对不与外国人合作的倔强精神。例如法商人及政府早欲染指个旧锡务，但云南人多不肯为洋人服务，以致洋人在云南活动十几年也找不到一个土著的买办，这就有效抵制了帝国主义的发展。”

一方面，他认识到这是一个股权相当集中的企业，3/4 的股权属于政府，另外的 1/4 大约也会听命于政府；另一方面他意识到，这是一个政府（无论是前清，还是现在的新政权）投入万千注目的行业，政府和人民都舍不得让出哪怕一二分，而这一特点在成功排斥了外资涉足的同时，必定是建立在当地既得利益团体上的，一个固执的不怎么愿意迎接改革的组织，宁死不要外国资本当然好，但在本地推行外来的新技术，恐怕也是要费些周折的；第三，缪云台从来就愿意鼓励云南人的乡土意识，他在不同时间地点，不断赞美云南人的倔强、坚强等等，反正缪云台的习惯是，无论说什么事情，好的坏的，最后都要归结到“由于云南特殊的民风”。不知可否理解为，一代金融大亨，甚至还要肩负培养民众自信自强信念的任务，或者反过来说，一代金融造梦人，需要让人们都相信他的梦想就是大众的，一定会实现的。或许，这才是缪云台最强大的秘密武器，凭借它，他让云南民众跟着他，甚至让龙云放弃戎马征伐，跟着他一起做“富滇”的梦。

二是局势。非常有特色的，缪云台拆解了个旧锡业面临的局势，这种拆解几乎应该被称作“缪式分析”。

对于锡业公司的技术和设备购自于德国礼和洋行一事，他说：“当时英国与法国在中国已有庞大的政治经济势力，法国人在云南还有所谓的特殊权益。锡务公司如与英、法商行合作，必定会引起帝国主义的贪婪野心。德国当时在中国的殖民力量只能说是二等的，在云南则没有势力可言。因此与礼和洋行贸易，不会有引狼入室的后果。”

对于辛亥革命对公司的影响，他说：“因为锡务公司开始试炼不久，就爆发了辛亥革命，云南政权又为本省人所掌握，个旧的若干矿商出于怕新法炼锡，迷信土法和仇视洋人等各种心理，联络本地绅商反对使用新法采矿。这些士绅组成了一个新的董事会，罢免了王夔生先生。”而他们之所以可以如此是因为“一次世界大战中，由于战争关系，锡价猛涨，个旧的锡，在任何方式的经营下，都可以外销图利”。

在各种选择中，缪云台不会简单将其归因于表面的原因：与礼和交易是为了巧妙绕过英法的势力；辛亥后罢免一个旧政府任命的管理者，实际上体现了当地既得利益者的诉求。

另一方面，从这些冷峻的分析中，我们看到一个冷静的分析家，无论是对外来殖民者，还是本地固执守旧的乡绅，对于缪云台来说，都不带什么感情，他们仅仅是一个现象，一种事实，想办法应付就好，愤怒就不必了。

这种分析法对于个旧锡务，由于时间太短的缘故，认识还只是认识，对于缪此后的人生，灵活辩证的思维模式被用到淋漓尽致，变成他的另一把利器。

三是金融。缪云台与金融初初交手，即发生在个旧时期。

缪接受个旧锡务时，正是第一次世界大战结束，国际锡价大幅度下挫之时，个旧锡务完全没有应对之力。他说："我才发现锡务公司财务亏损之状况，已到了不可想象的地步，每月职工开支全靠卖土条锡所得价款和短期借贷应付……而债务山积，计欠法商蒙自法国东方汇理银行短期债券 20 余万元，欠富滇银行 120 余元。公司在香港存放的锡，以市价计，约值港币 60 万元，但在香港拖欠的仓租和息银却已达 100 万元以上。公司堆存在个旧的锡和砂约值 100 万元，但这批货必须加工并支付运费才能在市场上出售。"

分析这一套复杂且矛盾重重的债权债务关系，缪云台给出的办法不是玩命加紧挣钱，而是分门别类处理债务：1，归还那些小额，且没有共同利益的债务，"最急的债务莫过于东方汇理银行的短期债务……我只好立即决定将香港的存锡卖掉一部分，归结此账，并同时偿还一部分公司在香港银号的积欠"；2，对于那些大额，且可能找到潜在的共同利益的债务，"富滇银行的债款，这笔积欠原也是半年为期的（与东方汇理的一样，只是对象不同），但已脱期失信多次，我当即决定以负责任而不夸张的立场向富滇银行交涉作一个总解决。我提出的方案是低调的，可以行得通的'停息还本'的办法向富滇银行重新订立契约，分 20 年还清积欠，以先少后多的原则，详细规定每次偿债的期限和偿还的数额。这个方案最后得到了富滇银行的同意"，更有甚者，因为欠东方汇理的已经还了，富滇已经同意前一个方案，可视为已经达成谅解，且在个旧锡矿砂暂时也不能卖，于是他向富滇提出"以个旧存储的锡和矿砂做抵押，重新借贷小型贷款。共借了新债款约20万元，偿付了急需支付的工薪及维持生产的费用”。

非常有趣，忍不住要先指出的是，在这场操作中，缪先是没二话地还了法国东方汇理银行20万元，跟富滇一番协商，暂时“停息还本”，而且还要分20年，眼面前就没什么压力了。最后又向东方汇理和富滇借了20万。一进一出正好相抵，“帽子戏法”一出而已。然而，如果不是这样，如果缪用仅有的20万偿付急需支付的工薪及维持生产的费用，结局会怎样呢——一个好心眼却不高明的年轻人,一个同情工人的管理者会很快消失在历史长河。

笔者常常心情复杂地想到，1920年，缪云台只有26岁，已经具备一个金融天才的一切。

他知道资本不等于资金，就资金而言，20万等于20万，对于资本则大不相同。

当一笔钱被贷出去，而借入的一方也承诺将归还，则借钱的一方只是拥有了这笔钱的支配权（因为这笔钱的产权仍是贷出一方拥有的，从始至终都不会变化），并且他将为取得这一支配权支付一定代价。所以，基本上，借入的一方得到的不完全是钱，而是对方对他的信任，给予他的一段时间的支配权，而贷出的一方将为此承担风险，这一风险来自借入方不愿或不能够承担偿还义务（这才是贷出的一方承担的最大的风险，并不是资金本身）。

看明白这一点尤为重要，因为这样的话，借入方个旧锡业就知道，贷出方最大的风险就是个旧锡务完蛋了，个旧锡务如果完蛋了对东方汇理也许不是坏消息，即便是20万的短期债务永远成为坏账，对他们也不是坏消息，这是另一个层面的利益关系，与20万无关，所以，无论如何，一定还给东方汇理；但是个旧锡务如果完蛋了，对富滇就是晴天霹雳，所以就可以跟富滇讲条件，给出的条件只用抓住两点即可：1，你不逼债，我就不会倒闭；2，不否认偿还义务，20年也好，停息还本也罢，只要不否认偿还义务。富滇果然就范。

以上是债务，对于自有的债权——一堆卖不出去的矿砂，思路还是一样的。缪云台没说它们是卖出去的，他只说是“变现困难”，他要的只是“变现”，在金融家眼里，这和转让产权（卖掉）有着天壤之别，尽管卖掉是变现的一种方式，但不是唯一的方式。另一方面，现在富滇希望公司能够继续生存，因为唯有此才能最终偿还富滇的债务，所以如果有抵押的话，它应该会愿意借款给锡务公司的；对于东方汇理银行而言，如果锡务公司一时半会儿不能完蛋，又有证据显示缪云台是个讲信用的借款者，加之还有有价值的抵押物，即使汇理不贷给锡务公司，富滇也会贷的，因此，有生意为什么不做呢？于是，汇理也愿意给锡务公司贷款。这样一来，一堆卖不出去的矿砂——变现了！

未来的金融家用天才般娴熟的手法，切分并分配产权的不同方面，看起来像是能够应对未来一切的未知因素。实则不然，他依然敌不过命运无常。不过，这也就是26

岁的缪云台，当他46岁时，就有能力挑战命运了。

话说1920年顾品珍倒唐成功，把唐继尧赶出了云南，顾品珍成了新任的都督。理所应当，原先由唐继尧任命的大多官员都被解职了，缪云台也应该在此之列。但是，顾品珍也是一个爱惜人才的将军，他找到缪云台，告诉他，他所做的不过是技术性的工作，与政治无关，可以继续留任锡务公司总理一职。年轻的缪云台一听也深以为是，于是便留在了个旧，继续他的工作。

万万没有料到，还不到一年，唐继尧就回来了，夺回了被顾抢去的云南地方首脑之位。自己亲自任命的毛头小子，居然在自己落魄之时，继续为敌人工作，这是任何一个领导者都难以接受的，当然唐继尧也不例外。个旧锡务公司的总理肯定是没得当了。唐继尧回到昆明以后，随即任命陈鹤亭做个旧锡务公司总理,并免去缪云台的职务，陈鹤亭是个旧锡矿主的代表人物，就是那批爱国爱家，也非常保守的锡商们的代表。

担任锡务公司总理之前，陈鹤亭已是个旧锡商的代表人物——个旧民团中著名的士绅，云南南部九属联合团首脑。在唐继尧东山再起再度回滇的事业上出了不少力，所谓出力，大抵就是出钱。而唐继尧也少不得要投桃报李。唐本想任命他做财政厅长，但是陈鹤亭自己要当个旧锡务的总理。职位自然在财政厅长之下，唐继尧没有理由不给。如果我们将陈老先生自愿出任与缪云台之前的总理王夔生，试用新法采矿遇到的阻力联系起来，就不难发现这

个旧大锡商陈鹤亭

样一个事实，个旧锡矿的矿主们，并不愿意用新法采矿，他们是用人力采矿的既得利益者，深恐新法会破坏他们原有的生意。一方面，缪云台和王夔生一样，是因此失败的，他自己的演出的那一粒“乌龙”不过是一个无巧不成书的肇因；另一方面，从陈鹤亭的上任，缪云台也知道了云南矿业不仅仅需要跨越技术难题、不公平的定价，还需要摆平这些既得利益者。在此理念之下，尽管热爱矿业，但缪云台再未回来担任过锡务公司的领导者。

缪云台自知理亏，多说无益，就离开云南去了上海。

离开云南

从此以后，整整七年，小天才都行走在人生的灰暗时期，一心报国，却无处施展，还不能埋怨谁，毕竟这个结果是自己搞砸的。然而，离开云南四处漂泊的七年，也是缪云台继续学习的七年，尤其对于中国问题的学习认识更加深入了。在他此后的职业生涯中，各种标志性的特点都能找到这个时期的影子。此外，对于他来说，四处游荡的七年为他积累了深厚的人脉，这也是至关重要的。

从 1922 年到 1929 年，缪云台都没有回到过云南。一方面是自唐继尧第一次离开云南，缪家最大的靠山缪嘉寿就随之离开云南暂住上海，后来便没有再回去。

缪嘉寿在上海，所以缪家的老母亲、姐姐妹妹一大家子人自 1921 年起都住在上海，缪云台丢了他在个旧的工作，于是就去投靠大家庭了。

嘉寿原是李根源的旧部，1922 年时，李根源任北京政府的农商部总长，于是看在老部下的面子上，给了缪云台一个农商部佥事的差事。于是缪云台又奔赴北京。在农商部，他的一个同事——农商部地质调查所所长，是日后大大有名的翁文灏。这个同事，将在此后与缪云台多有合作，这是后话。

到北京没多久，缪的母亲打算为小儿子完婚，缪的夫人赵佩玱，是缪在美国留学时，家里就为他定好的亲事。1922 年 7 月他们在香港完婚。此后李根源又派缪云台到汉冶萍公司查账，当时汉冶萍公司正因为与日资方面的股权和债权纠纷闹得沸沸扬扬。作为中国最早兴办、规模最大的矿冶企业，却因为股权和债权的问题，白白被日本人占了许多便宜，主权在无知和不审慎的经营中流失，一定引发了缪云台许多相关的思考，在他此后的经营中，无论何时何地，何种情势，都要求自己一方占据绝对多数的股权，从未稍离。可以说，汉冶萍的失误是缪云台的重要一课。抗战期间，缪云台甚至主动邀请汉冶萍的重要一员——

华新水泥，迁至昆明避难，也算是对这个从未赴任的工作的一种报答。

缪还没来得及到任，1923 年夏天，母亲病逝了，缪云台就辞去了在北京的工作，回到上海。

1924 年初缪云台和缪嘉寿陪伴母亲灵柩回到昆明。缪母的墓碑由章士钊撰写墓志铭，于右任书写，吴昌硕篆刻，足见缪家的影响力。

丧事完毕，唐继尧挽留缪嘉寿和云台在云南工作，嘉寿因为当日之事伤了心，坚辞不就。于是唐继尧邀请缪云台出任富滇银行会办，这是因为富滇有在上海、香港的机构，缪云台不必留在云南，可以在上海陪伴嘉寿。也是唐继尧给缪嘉寿的一种补偿，所以缪云台虽说是富滇的会办，却没有实职，1924 年到 1926 年间“我的任务主要是视察研究，在职一年多，经常外出视察，曾被派出视察海防、香港、上海三个分行业务，名为视察，但不能多与闻其政”。

不过，以缪家和嘉寿的影响力，以富滇银行会办的名头，缪云台在这三年的视察过程中，结识了为数不少的上海金融家，在此后的二十年中，这些人都是缪的生意伙伴。此外，正式进入金融圈的未来银行家，正好置身上海风起云涌、热闹非凡的 20 世纪 20 年代，在这个冒险家乐园的鼎盛时期，各种冒险家的表演缪一定看了不少。以后，金融家缪云台，却从来不作兴染指状如 20 年代上海冒险家们的投机活动，比如股票、债券、外汇、期货，在缪云台从业的三十年中从来不玩。并且多次申明：“富滇新银行绝不从事投机事业，”不知是不是此时获得的教益。

1926年夏天，富滇银行分行发生了一件尴尬的事情。“分行经理任嗣达……这位经理在接任以后，自己经营了一个公司做锑的生意，并以此名义向富滇银行上海分行借款，后因公司投机失败，该款不能如期归还。这种私相授受的做法犯了行规……我因为有视察的责任，被认为失职受记过处分，听候查办。”这件事，也对缪云台此后的经营作风产生了影响，银行行长总不外乎个中高手、商业奇才。追求自己的商业利益是难以扼制的天性，没有机会，他们便不惜违规。严刑峻法当然是办法，但缪云台后来认为不如就给他们机会，给他们空间，这也是后话。

正在听候查办的踌躇之间。云南又发生政变。1926年秋，龙云等四个唐继尧手下的镇守使联合向唐继尧发难，逼迫唐下野，唐不久就去世了。龙云、胡若愚等四个镇守使经过近一年的你争我夺，1927年年末，终于以龙云胜出告终。

龙云上任后，即致电缪云台，希望他回滇一次。虽然缪家与龙云没有什么交情，但是此时缪云台还有一个说不清楚的案子在身，不回去似有不妥，“我想可能与上海分行一事有关，如不回去可能被人误解，所以决定立刻回省”。

逃 跑

回到昆明，缪云台才知道龙云并非是要深究私相授受的案件，而是力邀缪云台回省为他工作。

实则，缪云台从回国到现在，一直没怎么走运过，一开始虽然被唐继尧重用，也是昙花一现，他在云南工作的时间既不长，也没做出什么成绩。龙云急切地希望得到他起初并不仅仅是为了他的才华，也许龙公此时还不了解这个年轻人的才华对于他来说是多么关键和不可或缺。

龙云的考虑是，其一，龙云不是重九起义那一拨的将领，如今上台对当年的革命领袖多少有点忌畏，拉拢几

龙云

个是有必要的。后来任富滇行长的庾臣尧，其兄弟庾恩旸就是唐继尧的督军公署总参谋长，也是重九名将。和庾澄庆的爷爷、创立“大重九”品牌的庾恩旸，哥仨并称是“庾氏三杰”。龙云的任用思路里多半有些这样的因素。当然，这也意味着，最多给个装点门面的官衔，并不会委以重任。

其二，因为缪嘉寿的关系，缪家在京沪两地的人际关系极广，1927 年以后，云南已无做大的实力，龙云的确需要一位能在北京上海找得到人，说得上话的角色。

其三，缪云台在云南最后的职位是富滇银行的会办，而 1927 年的富滇银行已经病入膏肓、积重难返。龙云上台以后并无良策，“政府的财政赤字仍然要以富滇银行的超额发行来弥补”。龙云这个时候要缪云台回滇出任富滇银行总办，是因为由于对金融危机束手无策，龙云的压力不小。把老的财政厅长的弟弟拉来当这个行长（因为省政

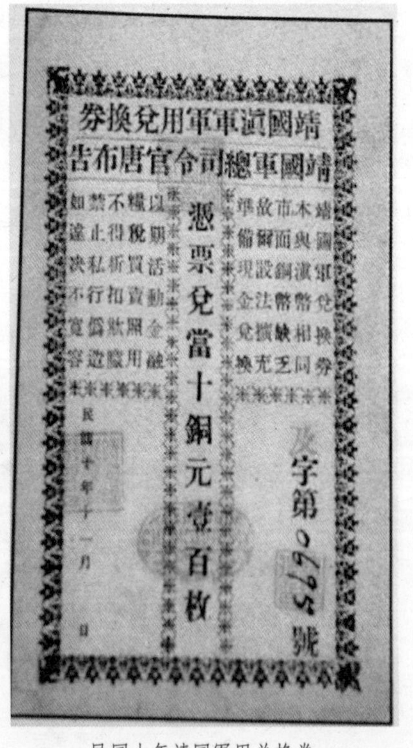

民国十年靖国军用兑换券

府对富滇的积欠主要是护国、靖国、建国几场战争落下的亏空，而那时缪嘉寿是财政厅长），他认为至少能帮他背点黑锅，承担点压力。

而缪云台自己呢？也许龙云不知晓，他可不仅仅是老财政厅长的弟弟那么简单。在他的头脑里，很清楚地意识到，虽然金融危机的始作俑者貌似银行和财政，实则却有更深的病根，病根不除，无论谁当行长都是不管用的。

他说："政府的财政赤字仍然要以富滇银行的超额发行来弥补。恶性循环的现象已十分明显，但政府要人和地方士绅，却一味地要恢复滇币原来的币值，坚持无法办到的兑现政策。他们要求富滇银行做时断时续、有限制的兑现和汇兑，企图用这种象征性的兑现来维持滇币的信用。其结果是富滇银行越来越空虚，给政府造成更大的困难。总之，初则由财政收支失去平衡而影响金融，继则因金融的不稳定而导致财政上更大的困难。"

前面一句，认为政府财政赤字依赖货币发行解决，是当时人对云南金融危机的惯常认识，但之后，缪云台的分析则足见其功力。如果"政府的财政赤字仍然要以富滇银行的超额发行来弥补"，那么一般人想到解决问题的办法无非是切断财政与金融的瓜葛，让金融独立，然后保证银币与纸币一比一对应的发行，保证纸币的兑现能力，方能重拾纸币的信用。而缪云台只认为第一着是对的，金融和财政抱团，怎么样也不会有好下场；而同时，他并不认为，纸币有必要回到过去与银币一一对应的时代，他认为正是这种不切实际的做法，给整顿金融危机帮了倒忙，然后就是银行不断给财政压力，“富滇银行越来越空虚，给政府造成更大的困难”，最后财政的压力又只有让银行买单，后面这一部分当时一般人没有认识到。

然而，这样的认识也让缪云台知道，如果对货币兑现的执念不除，自己并没有办法破解金融危机难题。如果执意这么做，非但不能成功反而毁了自己的声名，他对好朋友庾恩旸说：“我自问没有能力担此重任，即使把我个人的声誉、事业都牺牲了也无济于事。”

但此时的情况是龙云执意要留，委任状都已差人送到缪云台手上，如果执意不肯，无疑是得罪了这位新任的云南王。万般无奈之下，缪云台竟然在友人庾恩旸的帮助下——逃跑了！

缪云台悄悄登上了滇越铁路的列车，奔赴越南海防，到海防后他把委任状连同一封长信寄给龙云，信中详细谈了他对富滇银行及金融危机的看法、对整理该行的意见以及自己万难从命的苦衷。没想到的是，正是这封信真正打动了龙云。这个时候，已经有太多的人指责政府财政赤字伤害了富滇银行和滇币币值，他们高喊着要让龙云恢复滇币的币值，恢复富滇银行兑现。龙云没有办法，能想到的只有像唐继尧一样去打仗，去邻省抢，于是就有了第二次滇桂战争：1930 年蒋介石授意龙云发兵讨桂，并许诺如攻下南宁，将委派卢汉为广西省政府主席，则广西就将成为龙云的政治势力范围。5月，龙云令卢汉率领三个师进攻广西。滇军先是攻了百色，之后包围南宁。但是攻打南宁城三月未果。拖到9月底，白崇禧率部回援南宁，与滇军激战两周，至10月中旬，以滇军失败告终。1931年2月，滇军撤回昆明，军力损失了三分之二。可见结局比唐继尧还要不堪。诚然，要是这条路走得通，唐继尧会是更厉害的角色，也不会有他龙云什么事儿了。

1931年的龙云自己的政治前途也岌岌可危，他还能拿这个银行怎么办，还真的没人帮他出主意。于是，本来只是想挟持一个家世背景都很有来头的在自己身边，龙云见缪信后很震怒，反而真的想得到缪云台了，态度也就从“迫使”变成了“诚邀”。

可怜的庾恩旸，帮着缪云台逃跑了，自家却落得要来收拾富滇银行这个烂摊子的命运。1931年恩旸的哥哥庾臣尧被任命为富滇银行行长，庾行长是富滇历史上的末代行长。不过缪云台并没有忘记报答恩旸的救命之恩，后来亚细亚卷烟厂的重建，缪云台在富滇新银行行长任上没忘了帮助老朋友。这是另一段佳话。

缪云台逃到越南海防后不久，得知缪嘉寿在香港病重，只得匆忙赶回香港。此前，因为北伐的原因，缪家一家老小不敢留在上海，已经搬到香港居住。缪云台赶到香港后不到10天缪嘉寿便去世了。

一代名将，云南人的儿子缪嘉寿的灵柩说什么也是要回到昆明的。

此时是1928年秋天，阳光少年缪云台转眼已经34岁了，父亲、母亲、哥哥相继离他而去。虽然自诩才华了得，却毕竟没有什么建树，现在一大家子人却只有他一人可以依靠了。

所以，哥哥死后，缪云台想“我必须回昆明安葬三哥，同时也决定这次要举家回昆”。这简简单单的一句话，等于是在说：我已经长大了，我应该要担待起这一家老小的安危和生活。

有人提醒他：“你不辞而行，这些带兵官（指龙云）会不会仇视你？”但是34岁的缪云台顾不了那么多了，他知道家人需要他在云南建功立业，甚至龙云也需要他。果然，龙云亲自来为缪嘉寿吊唁，却绝口不提缪云台的事。

此后，龙云派陶继鲁来游说缪云台，陶当时是个旧锡务公司的总理，昔日缪云台当锡务公司的总理时与陶是同事，很有交情。

龙云托陶继鲁带话，希望缪能出任财政厅厅长（这次龙云没有直接发个委任状给他了），并说，不愿意也无妨，只要留在省内工作，有什么要求都可以提。态度诚恳感人。

谁都知道财政厅长一定是地方政权最重视最关键的岗位，肯定是首脑最信任的左膀右臂，请缪云台出任财政厅长，其情义远远高于“命令”他去收拾富滇银行这样的烂摊子。关键是缪云台曾在信中为龙云剖析了财政与金融的关系，不带情绪，且很在理。缪云台应该也明白龙主席的深意，但是，财政厅厅长是哥哥原来的岗位，哥哥本来是一代宿将，却在这个位置上被狠狠伤了心，最后郁郁而终，客死他乡。整个过程缪云台都看在眼里，现在要让他执掌这样的位置，缪多少有些忌讳，不愿意答应。

于是，富滇不行，财政厅也不行。但是龙云还是不放弃，他于是凭空新设置了一个厅——农矿厅。请缪云台出任农矿厅厅长一职。对于龙云的诚意缪云台也深为感动了，说“这时省府已有建设厅，可兼管农矿，没有另外设厅的必要，但龙云因欲留我在滇，因人设事，要我主管农矿，推广经济建设工作……”“因人设事”这四个字是日后缪云台提得最多的，动辄就会提起，当初龙云“因人设事”把自己留在了云南，可见是感怀殊深的。从此以后，缪云台真的再未离开过龙云。这个类似三顾茅庐的故事的确老套，但是反正一代又一代的中国才子们，就吃那一套。诸葛亮自不必说，上文提到的曾与缪云台同事的翁文灏，中国最重要的地质学家，就因为在地质考察时遇到交通事故，而远在南京的蒋介石下令不惜一切代价救援他，获救后，翁大师用后半生的清誉回报了这位恩人——他帮助蒋介石发行了“金圆券”……缪云台曾对他极为惋惜，不过其实缪自己也差不多。很难想象如果他没有回到云南，而是留在上海或香港举办自己的银行，会怎么样？谁，会是中国的“摩根”呢？

幸好，不同的是，缪是懂得对恩公说“不”的，即使没有成为中国的“摩根”，也没有成为云南的“翁文灏”。

金融家的成长史

1931 年夏天，时值云南金融危机，官办的富滇银行名存实亡之际，农矿厅厅长缪云台成立了一家小银行——劝业银行，并兼任总经理。令人意想不到的是，这家资本金仅 10 万、没有网点、没有库房的银行，成立一年后竟盈余 30 万元。缪云台的金融思想由此初现端倪，并在以后的岁月里开花结果，在一次次惊心动魄的危急时刻帮助他化险为夷……

农矿厅长兼银行家

1929年秋天，缪云台正式回昆出任云南省农矿厅厅长。而同一时期，南京政府派王伯龄来云南，龙云被蒋介石委任为省府委员兼主席。

农矿厅设置不过是要留住缪云台，并没有实质的事情给他管，偌大的一个厅，每个月只有经费2800元旧滇币（旧滇币与新滇币的比价是5∶1）。缪云台一时技痒，就折腾出几件事情。

第一，他开始植树造林，因为他是农矿厅厅长嘛，总要应应景。可他只有2800元贬值的滇币做经费，而且，是局势稍定、百废待兴之际。当然缪云台自有办法，金融家种树也种得相当“金融”。

他提出的造林政策规定：全省各村必须在村外造一个林场，并在沿村四周造一片风景林。林场归全村公有，风景林则归林边家户所有。这个政策激发了百姓造林热情，很快取得了成绩。

为什么缪云台会想到种树呢？很简单，他意识到身为农矿厅厅长，他能支付的是一个简单的法令——哪家种的树，就归哪家所有。这是他能做得到的，这样的法令能换回什么呢？——一些树。终此一生，缪云台的脑子里一定满是这样巧妙的产权等式。

其实他这一生，从未觉得没有资金就办不成事情。

对于缪云台来说，资金是用来促成交易的，而如果你知道如何促成交易，就不必要资金，或者说，你就是资金。

第二，他办了一家小银行——劝业银行。

缪之所以想办银行，是因为1930年，云南金融市场就是一片空白。富滇银行早已被挤兑得开不了门，1913年富滇共有55家，1930年只剩5家，而且还不能开门。即使开门也没有人敢将钱存在富滇。1930年的富滇有一个原则——“认进不认出”。意思就是来存钱——欢迎，但如果要把钱取出来——不行。这样有去无回的银行只是作为货币发行银行还存在着。缪云台回忆说：“到1931春夏之交，富滇银行已实际形同虚设，名存实亡了。富滇银行业务的僵局直接影响到金融业务的全部停滞，全省的资金存、放、借、贷只依靠一个当铺‘兴文当’，面对这个企业界的危机，我不能不想法解救……筹办一个小规模的、有限制的、保守的管办银行，作为流通资金的周转机构。”

缪云台找到当时财政厅厅长卢汉。缪云台知道卢汉手里有一笔钱，也不是财政厅的，由于当时厘金是由各地的乡绅包收的，就是本来应由政府税务部门收缴的税收，承包给当地乡绅。这些包收厘金的乡绅必须先缴纳一笔保证金，待到税收上来，再返还或是抵扣税款。

卢汉

总之，在约一年的时间内，这笔保证金是闲置的，这一年中政府只是“代管”这笔钱，是不能花的，而且必须在期满后全额交还。

雲南省實業廳委任狀
茲委任鄧仲熊為雲南省
賓川縣第一區第古和鄉鄉
長兼造林場管理員此狀
廳長繆嘉銘
中華民國　年　月　日

农矿厅厅长缪云台签署的委任状

缪云台请卢汉把这个保证金借给他作为银行的启动费用。钱放着不能拿去生息是可惜的，但卢汉也不敢借给缪云台去放贷，万一血本无归，可不是闹着玩儿的。于是，缪云台与卢汉交涉，向其保证这个钱，他只是放在那里作为银行的资本，可以由政府监管，绝不会用于贷款，所以是没有风险的。缪承诺一年以后，连本带息一并归还，卢汉于是就接受了。对于缪云台来说，没有谈不成的生意，他总能找到对方能接受的条款。像一个外科医生，他能够把一笔资金、一个企业、一样东西在各个时期、各个层面上不同功能的产权切分得细致无误。比如，我知道你不能把钱借给我用，那么，我不用，只要求钱能安安稳稳地待着，你就一定会答应。这就是缪云台的金融智慧。

1931年夏天，劝业银行成立。缪云台以农矿厅厅长身份兼任劝业银行总经理。不出缪云台所料，因为富滇银行已经名存实亡，而“兴文当”只是一家当铺。劝业银行是官营银行，又有政府监管的保证金。一旦开业，存款就源源不断而来。当时人记载劝业银行："在民国二十年金融风潮剧烈变动之时，昆明各银号当铺议纷纷停付存款，该行独能应付裕如……于是存款大增，颇有盈利。"

但是这家颇为盈利的银行却并非仅仅是拾了个漏，利用富滇的颓势，填补金融空白而已，劝业是缪云台金融思想的最早载体，已经非常有缪式特色了。

首先是，劝业非常小。小，甚至都不足以描摹劝业银行，因为根本就没有一个地点是属于劝业银行的。"我们在昆明城内租了一座五开间四厅的住宅应用，为节省开支，银行没有库房，只买了一只小型保险柜，作当日存放钱款之用。"非常有趣的一幕是，由于劝业没有自己的库房，而小保险柜是不能将巨款留过夜的，于是他们就每天将现款票据存放于富滇银行，因为富滇肯定是有库房的。每天结账后，把钱和票据放在一个皮箱里，把皮箱当成货物寄存在富滇的库房，第二天劝业开门之前，再到富滇把这一箱"货物"取出来。劝业当时主管业务的副经理是杨少泉先生，杨先生此后就一直在缪云台身边。

更重要的是，劝业的业务非常有特点，特点就是"苛刻"。对于存款，它利息最低："银行业务仅限于吸收存款及举办有抵押的短期贷款，不发行，不做汇兑投资，在存款方面，当时市面利息约为一分至一分半，劝业银行只有5厘。"当然存款业务是不用启动资金的，但办理抵押贷款则需要资金，劝业银行的抵押政策就很苛刻，“在放款方面，规定如以货品抵押，照值只给六成，如以产物抵押，则只给四成”。然而，仿佛云南人并不介意如此小且苛刻的银行，“虽然这样保守，但商人来银行存款借款的不绝于途。一年后结账，竟盈余30万元”。

不合常理的是，像这样一家古怪的银行，开在市场如此糟糕的情况下，存款利息低，贷款条件极其苛刻。这家银行究竟怎么能盈利的？

关于存款，因为富滇“认进不认出”嘛！所以不管劝业给的利息多么低都不要紧，至少钱存在这里是有去有回的。越是糟的市场环境，对于存款来说，安全性才是至高无上的诉求。只要劝业能确保这一点，自然有存款络绎不绝而来。

对于贷款。一方面是劝业有大量存款做底，一方面因为云南饱受金融危机折磨。从 1920 年富滇银行惜贷开始，再经过一战结束对大锡出口的打击，这十年以来，已经把商人手中的流动性耗干，他们手中泡沫性质的资产早已化为乌有，现在能拿得出来给劝业抵押的货物和产物都是真正有价值的。这就好比金融危机已经见底，劝业是来抄底的。

劝业的长项是办理短期抵押，时值云南金融危机，许多商户急需用款，他们有抵押物，劝业有存款（流动性）可贷。劝业为商户提供抵押贷款，如果他们能还，劝业坐收利息，如果不能还，就依合同取得他们的抵押物，这些抵押物将在金融危机过去后价值倍增。而此时其他银行则因为害怕商户倒闭，不愿意提供贷款。所以劝业银行，以低代价获得了大量有价值的资产。若非如此，一家资本金仅 10 万，没有网点，没有库房，成立一年的银行“一年后结账，竟盈余 30 万元”，是不可思议的。

劝业银行“一年期满后，按照原来的约定，偿还原来所借资金的全部本息……给农矿厅找到了新的财源，补充了经费的不足”。

缪云台说“这是我开办银行的开端”。之后，他用这个新的财源，开始自己的金融布局。而首先要启动的并不是富滇，也不是炼锡公司，是调查研究。

缪云台还利用劝业的盈利对云南的水利资源、矿藏资源和可耕地资源做了详细的调查。

对澜沧江和怒江水系的水利调查，是这两条大河有史以来的第一次。这并不是单纯的水利调查，调查也同时针对流域内的矿藏资源。在怒江，他们发现储量可观的铅锌矿，这片那时还处于原始社会末期的秘境之地，很快就将迎来第一家现代化的企业。这两份水利调查报告在业界鼎鼎大名，解放后，很多铁路、电站、桥梁、航运建设的基础资料即来源于此。这样烧钱的事情，缪云台舍得投资是非常少有的，足见其远见。可世事不济，即将降临的战争，打乱了他原有的规划，他的调查更多的只能留给后人用了。

农矿厅还组织对主要种植区的土壤、灌溉情况调查。主要对象是云南为数不多的平原，云南人叫坝子，它们是昆明坝子、蒙自坝子和开远草坝。农矿厅费时半年为这几个主要的粮食产区绘制了详细的水系图。

YTC

经过了个旧锡务公司、七年的悖运、种树和劝业银行，1931年前后的缪云台已经是一个融资技巧炉火纯青、充满想象力、游说本领一流的金融家了，在正式成为银行家之前，他还要完成一个完美的转身。

云南炼锡公司的建成是一个不折不扣的传奇，融资领域的教科书。某种程度上那就是金融真谛，金融之所以可以在空中建筑宏伟沙堡的秘笈。更重要的是，缪云台展示给你看——这一切根本与钱无关。《华尔街》中戈登叫嚣着“Greed is good”（贪婪是好事），真正金融家一定觉得好笑，不知道有什么不得已的理由需要贪婪，对于他们来说，“融合、流通就足够了”，货币对于他们来说只不过是一组制度集合，没有更多了。

小矿工

1922年缪云台离开云南，离开个旧锡务，并非心甘情愿。十年以后，

矿车

缪云台决心回来重拾他未完成的梦想——精炼大锡。

云南大锡虽然历史悠久，产量高，又得滇越铁路之便，借力19世纪到20世纪的全球战事（大锡是重要的战略物资），个旧大锡一度声名赫赫，也成为云南地方政府的重要财政收入来源。但1922年的缪云台就意识到，这样的发展模式是不可持续的，理由今天看起来很明显：简单地出口未经加工的矿产品，实际上是拱手将更多的剩余价值让给外人，而且因为不能控制交易价格，不能左右供需，本国的矿产企业不但抗风险极弱，过度和粗放开采的矿床也将盘剥子孙后代的发展机会。于是，技术进步是不二法门，缪云台所以非常同情被个旧乡绅排斥的改革派王夔生先生。1921年，得知王先生在个旧郁郁而终，年轻的缪云台甚至为他在庙里立了一个牌位，可见他对技术进步的态度。在个旧不长的时间里，他也尝试着推进新技术的应用，他聘请了美国工程师，紧锣密鼓地鼓捣新法开采的实验，并且真的成功架设了运送矿砂的索道，从而替代了人背马驮。当然，这里的新法，是指采矿法，与后来的炼锡是不同的。

那时，王夔生因为极力推进新法而备受排挤，他们以其账目不清为由，将堂堂个旧锡务总经理私自扣押达半年之久。陈鹤亭为代表的个旧锡矿矿主出资扶持唐继尧二次回滇，之后连财政厅厅长的位置都不要，只求回个旧执掌个旧锡务。缪自己也感受到这样的压力，他和美国工程师正设计运送矿砂的索道。一个叫李恒升的矿主，索道的终点正好是他家的矿洞，他当着缪云台和美国工程师的面放狠话说："如果你们这个索道成功了，我把我的两只眼睛挖掉。"当然后来索道成功了，李矿主也没有挖眼睛，但矿主们对新法不信任不支持的态度显而易见。

世事洞明的缪云台不想回个旧去以卵击石当第二个王夔生，就像融资一样，既然矿主们不愿意，他就绕过去。

20 世纪 30 年代，大锡是国际市场上重要的物资，需求量很大，所以产品也是分门别类，种类很多，在伦敦五金交易所挂牌的锡就分三个等级："质量最高的叫洋条，纯净度达 99.75% 以上；中等的叫英国锡，纯净度在 99.5% ~ 99.75% 之间；最次的叫中国锡，纯净度也在 99%。"由个旧出口的锡，纯净度往往不足 98%，被称作"土条"，而且含量还是不标准的，有好有坏，不能挂牌上市交易。所以，当时在大锡的转运码头——香港，就产生了这样一批商人，他们从个旧以低廉的价格进口土条，用简单的工艺往土条里掺加高品位的洋条，借此提升土条纯净度，令土条变成中国锡冉在伦敦挂牌交易。“中国锡”在交易市场是廉价的，这样简单掺杂和校验，包括转运、仓储等等，在香港的大锡行商还要赚取大锡价值的10%~15%。如果，可交易的大锡产品（主要是要求纯净度划一、且达到交易标准的）能够直接在伦敦交易，其后该卖到哪儿就运到哪儿，就省掉了去香港折腾这一趟的费用了。

此外，如果从这个方面出发，建设一个炼锡厂，等于是处于采矿业的上游，不会与矿主们有任何利益冲突，就成功避免了与他们的交锋。

虽说是个好办法，但是一穷二白的，拿什么钱来建炼锡厂，这还不是最大的困难。缪云台要的精炼锡是纯净度达 99.75% 以上的“洋条”，不能像香港行商那样掺加一些洋条中和一下了事。这样就需要精炼锡的技术。当时精炼锡技术只有英国人掌握，对于精炼大锡这种战略物资的技术，英国人讳莫如深，缪云台的美国工程师卓波和米勒曾多次请求准予参观英国设在新加坡的冶炼厂，都被拒绝了。

技术问题解决不了，其他就无从谈起，但缪云台仍没有放弃希望。他重新盘桓了一下形势以及英国人的心理和诉求，意识到不愿意提供技术的是英国的炼锡企业，而英国政府观点和诉求应有些不同。于是，他找到英国领事馆，表示如果英国愿意提供技术支持，则将来的炼锡厂将扩大对英国的贸易。因为原来的锡矿都是各个矿主的，他们要卖给谁不给谁，太分散也管不了。而未来的炼锡厂令选择交易对象成为可能，英国会很愿意看到这样重要的战略物资不大量旁落。因为滇越铁路的关系，英国已经很懊恼丢掉了对云南的控制，应该会珍惜这样一个找回来的机会。

果然，英国政府立即表示很高兴云南做这方面的努力。结果，伦敦海外贸易部指令新加坡公司给云南派一个冶炼工程师——亚迟迪。

但是这位亚迟迪的路费和工资，要云南方面承担。其实到英国方面答应派工程师，缪云台还没有跟省政府商量建厂的事呢。亚迟迪路费要 1500 英镑，薪酬 2500 英镑。这个钱缪云台只好向省政府去要，省府大员们果然不同意，一说，即使有了技术也没钱建厂，所以就不必花这个冤枉钱了；另一说，美国人、德国人（当年王夔生向礼和洋行购买机械设备时，曾聘请过德国工程师）都来试过了，都不行，英国人也不一定行，到时候薪酬和路费却是不能免的。就 4000 英镑的路费和工资就招来那么多反对意见，试想如果缪云台当初若想完全凭借省府之力，或是打算和个旧锡矿主们死磕，结局会怎样。不过缪云台从来不抱怨，他搬出财政厅长卢汉。卢汉不论他个人是怎么想的，此时因为劝业银行的成功，盈余都已经交进了财政，他不好意思拒绝缪云台。而且，缪云台早就给卢汉和龙云准备好一套摆平反对者的说辞，他说正是因为德国人、美国人都不成功，如今再让英国人来试试，如果还是不成功，就说明云南大锡的确不能冶炼成精炼锡，以后也就不动这个脑筋了，作为省政府，搞清楚自家家底肯定是有必要的。此言一出，反对者也就无话可说了。

1932 年秋天，亚迟迪抵达个旧，缪云台亲自陪同，并派了三个学冶炼的学生日夜陪伴——偷师学艺。三个月后，报告完成，结论是："如欲就地冶炼个旧的锡，必须针对当地矿石的特征，重新建造一个冶炼厂……就地冶炼 99.75% 的高等洋条是可能也可行的。"缪云台核算了一下，投资额最少应在 300 万左右。不过他一点也不发愁钱的事。

这个结论一出，缪云台接着去游说，首先是个旧的锡商。锡商们也很清楚，他们的锡经香港一转手，就平白被赚去了 10% ~ 15%，不如将这 10% ~ 15% 投资给缪云台。更关键的，缪云台承诺炼锡厂将和投资者签订长期购锡合同。个旧的矿主并不缺钱，他们最担心的是国际大锡市场的波动，好的时候也许不愁卖，但大锡跌价卖不出去的时候，就要为资金周转所苦。尤其有时候一船锡运到香港，售价还不足以支付仓储和运费，是矿主们最苦恼的。就近销售，长期合约，矿主们大多抵御不了这样的诱惑。

锡矿主们一拥而上之时，省府也坐不住了，如果个旧的大鳄们愿意投资这个厂，为什么五华山不参与呢？当时五华山最为困扰的是外汇，唐继尧时代购武器、设备、白银都需要外汇。而供应外汇只有法国东方汇理银行一家。东方汇理摆明了在价格上使劲欺负唐继尧，当然唐继尧也没有给他们好脸色，始终不允许他们进入昆明，但是在外汇价格上也没奈何。现在，如果炼锡厂的锡条纯净度真能达到99.75%，就可以在伦敦挂牌交易，收获英镑。五华山也不愿意错过这个机会。

所以说“此一时彼一时”，仅仅是三个月前，省府连技术人员的旅费都不愿意支付。缪云台也乐意矿主和省府都参与。一来，他毕竟是一介官员，而不是单纯的企业家；二来，他惯用借力打力的本领，企业的股东是来自两个方面的力量，有利于他实际控制这个企业。

1932年年底，云南炼锡公司正式组建，公司性质是官商合营的，商股承购股权50%，官股占50%，公司额定资本300万老滇币。

又是三个月过去了，按计划从香港购回了设备，1933年年初炼锡公司正式投产。两个大倒焰炉，四个净锡炉，年产量达2000吨，纯度可达99.75%以上。缪云台让在每一块出厂的锡条上打上“YTC”字样（云南炼锡公司），从此以后，云南锡既不是“土条”也不是“中国锡”了，它们是“YTC”，一直到今天仍是。

令笔者感动的，并非这个当时中国最先进的冶炼企业，而是缪云台建成它的过程。在此过程中他唯一认为是“侥幸”、不一定能成功的就是给亚迟迪的4000英镑费用。其余的他都盘算好了，敢想敢干。

之后的一件小事也许可以体现缪云台的性格特点。炼锡厂建成后，缪云台又奔赴新加坡参观英国在那里的工厂，主要想知道他们的销售和贸易模式。此时他已经聘请亚迟迪做炼锡厂的工程部主任，而亚迟迪原先是新加坡工厂的负责人，故此没有问题。新加坡炼锡公司当时的经理叫纽伯伦特，缪云台他们离开新加坡的那天，纽伯伦特送他们，在机场不慎撞伤了一个小孩，纽伯伦特非常懊恼，回去以后，一边说“我要处罚自己”，一边就喝硝酸自杀了。这事当然与缪云台没什么关系，但缪云台却不能理解。50多年后，他仍在回忆录中说“但我始终不明白他为什么要这样做”。缪云台不是认为撞伤一个小孩不值得同情，不应当处罚，他想不明白的是——难道不是勇敢面对，积极寻求解决的办法，好过消极的处罚、抱怨、哀叹吗？“不抱怨、不放弃”是他的人生信条，矢志不渝！

洋管理与土技术

代表新兴生产力的炼锡厂建成以后，反对新技术、害怕改变的个旧锡商并未偃旗息鼓，在建厂初期炼锡厂和锡商们的合作并不顺利。

炼锡公司的业务是炼制，因为我们所知道的原因，缪云台故意绕开了上游的采选业。但既然是炼锡公司，就必须向个旧锡务公司以及个旧的锡商们采购锡砂。本来锡商很愿意这样做，因为大大节省了运输成本，而且几个大的锡商也是炼锡公司的股东，自家人自然会帮自家企业。然而，炼锡公司成立之前，在个旧也有锡商投资简易的土炉，用民间的办法冶炼锡矿，这种冶炼方法，也能让锡矿的纯度达到98%左右，然而浪费极大，而且，质量极不稳定，土炉出产的“精炼锡”的纯度是“80%~98%”，误差近20%，获取的价格很低，加之浪费严重，并不是云南炼锡公司的竞争对手。炼锡公司成立以后，就成了土炉的最大竞争对手，因为土炉的主人多半是锡商，所以这些锡商就不愿意痛痛快快地将锡砂卖给炼锡公司；另有一些锡商，认为现代化的炼锡公司赚了大头，于是想抬高锡砂的收购价格。

个旧的锡商们是一个非常团结、一致对外的乡绅组织，因此就开始与炼锡公司闹别扭。个旧的锡砂，向来以桶计价，一桶锡砂多少钱，传统上锡商们也会向桶里掺杂些泥土沙石这类充数,对于给炼锡公司的锡砂就更是如此。

锡矿小砂丁

炼锡公司发现这个问题之后，就改变了收购的模式，改用称重（因为锡砂非常重，泥土之类虽可占体积，但称重的话就占不了什么便宜）。

锡商们非常愤怒，认为缪云台颠覆了传统办法，是有意刁难锡商，于是联合起来不向炼锡公司供应锡砂了。

事情报到缪云台那里，他竟然充耳不闻，任由其发展。因为他知道，锡商有了炼锡厂，一定不会愿意再将锡砂给香港行商或是个旧的土炉，这笔账谁都会算。他们现在心里不舒服是觉得炼锡公司赚得更多，而这种“困惑于新技术怎么能赚那么多钱”的体验正是缪云台希望给他们的。

不给炼锡厂供锡砂，又舍不得出口香港或给土炉，锡砂就只能堆积。缪云台自己在个旧待过，知道个旧矿多空地少，即便没有资金压力，锡商也负担不起堆积锡砂或是转运别处堆积的成本，过段时间总还是会愿意卖给炼锡公司的。

果不其然，到了 1934 年，锡商就不再争议是按桶卖，还是按斤卖了，炼锡公司的锡砂供应从此就正常起来。土炉则逐渐关停。

与此同时，几个开明的锡商，不再厌恶新技术带来的改变，转而追逐新技术带来的利润了。这是后话。从这个时候起,对处于上游的大锡开采业的技术改造开始酝酿。

这里面还有一件有趣的事，炼锡厂建成后，技术人员跟缪云台聊天时讽刺地说土炉的技术是多么落后，土炉从不用检验锡砂的品位（不同的矿砂含锡量是不同的），只是用有经验的工人目测，或是用简单的土办法解决收锡砂时的检验问题。但是缪云台想到的却是：十年前在个旧就听说，有的工人很“神”，看一眼便知锡砂的成色，绝对不错，误差比机器验的还小。

于是缪云台专门找来这样的人，悉心向他们求教分辨矿石成分，缪知道，这种办法的确很科学，只不过是民间总结出来的。

这桩小事的结果是，从此往后炼锡公司收锡砂时，改用“土法”验锡。时间、设备的成本都节约了，而且，果真误差极小。可见缪云台的“拿来主义”无所谓来自谁。

上　市

在伦敦五金交易所上市，是缪云台融资时的一个噱头，当然也是他的目标。但要真正在伦敦上市，他还有很多困难要去克服。

首先，是如何让交易所确信 YTC 技术指标达标。缪云台对自己的产品是有信心的。但凭什么伦敦五金交易所要接受 YTC，给 YTC 化验呢？缪云台想了个办法：他不通过交易所卖给英国商人两批锡。英商当然提出要化验货的纯度，也不愿意转道香港卸船运货。于是缪云台提出运到英国验货，如果不达标可以退，化验费用也由云南方面支付。唯一条件就是要去伦敦五金交易所指定的化验机构，而不要去香港化验，这也正中英商下怀！英商完全可以称自己要进口这一批货，要求五金交易所的相关机构给出化验报告，五金交易所也不能

伦敦五金交易所

拒绝。结果当然是产品没问题，完全达到99.75%。于是，假手英商，缪云台得到两份五金交易所不得不承认的化验报告。于是缪云台要求伦敦五金交易所为YTC挂牌，伦敦方面对质量还是不放心，要求每一批货都取样交伦敦检验，缪云台马上同意。唯一条件：如果质量没问题检验费用交易所和炼锡厂一家一半，如果不达标炼锡厂甘愿受罚。交易所于是接受，其实他早就盘算好，只要对方需要支付一半的费用，就不会坚持每次都验。果然，因为毕竟有费用压力，而且几次检验都没问题，伦敦方面就没有兴趣再化验了。缪坚持不送香港化验其实是要让化验费用比较高，从而成为一个必须面对的问题。于是，1933年秋天的时候，YTC就正式在伦敦挂牌，实现了“就地冶炼外地销，凭着YTC的印记，即可以在国际市场上行销，不必经过任何中间人”。

到此时，YTC已经完成了上市，作为一个企业家，可以回家守着工厂收获成果了。然而，缪云台有更大的计

划，他渴望的不仅仅是云南炼锡厂。这一个成果必须成为下一个梦想的种子，才是他缪云台的做派。

于是，他接着努力。他执意不肯在香港或是伦敦设办事处，一方面当然的确是要节省费用，更重要的是，这样就没办法交易了。伦敦的讯息必须及时抵达个旧，如果它没有其他代办点的话，怎么办呢？缪云台打算购买电讯设备，让伦敦可以给个旧发电报，于是他在个旧建了一个专用的无线电台，然后游说香港无线电台，又游说昆明电政管理局。本来因为邮电业务由国家专管，私设电台是违法，但缪云台勉力取得了他们的谅解，允许他设电台。此后缪云台他们必须深更半夜地等着伦敦的电报（伦敦开市的时候是个旧夜里两点）。

如果你认为缪云台那么费劲根本不值得，还不如在伦敦或香港设一个代办处呢，那你就太不了解金融家的远大理想了！缪云台想要的，是让 YTC 最终变成云南的一个金融产品，它的讯息能影响甚至左右云南金融市场。而这就唯有斥资建电台，并且每天半夜两点等消息了。

1984 年 10 月，炼锡公司成立 50 周年纪念，当时缪云台已经 90 高龄，一直住在北京。个旧的同人为纪念炼锡公司成立 50 周年，给缪云台送了一尊锡马。缪老拿到锡马异常激动，讲了长长的一段话，大多是感谢、勉励之类。但有一句，乍看不起眼，却极具深意，他说：“在炼锡公司的几年工作中，我觉得有两点经验可谈……落后地区本来就有资本不足的问题，应充分利用当地人力物力来

云锡三杰 从左到右分别为吕冕南、陈鹤亭、缪云台

弥补，这样才能使经济得到发展，如果必得有大量资本后才来谈发展，便是倒果为因了……”

当然这是缪云台，才有这样的融资技巧，他实际上取代了原应由资本执行的分配资源和传递的职能。他就是资本，故此他觉得，哪里用得着大量资本呢？

金融改革　税制先行

笔者始终认为，缪云台对炼锡公司的经营是另有企图的，最让他念念不忘的其实是金融。这个年轻人，以往的从业经验可谓战功赫赫，但每一处停留都不到两年，唯有富滇银行，他为之服务了整整十六年。

从1927年的那个夏天，龙云意欲将富滇交给缪云台，而缪束手无策只能逃跑的时候起，他应该就开始筹划了。他给龙云写信，认为当下的富滇积重难返，财政依靠金融、金融依赖财政，乡绅们又固执地非要维持滇币兑现。这是牢固的怪圈，不打破不足以拯救云南金融，但打破之前又必须给每一方力量和诉求找一个依靠的点，就像个旧矿主们不愿意革新技术，严重阻碍了云南锡业发展，与其斗争当然是办法，但在上游设置一个诱导因素，并为原先困扰他们的市场波动、汇率、运输和中间商等问题松绑，减轻其压力是更好的办法。因为利润提高了，中间成本降低了，也将加剧本地矿主间竞争，这个时候不怕他们不主动追求采矿技术革新。这是缪云台的思维模式。

同样的，要切断金融和财政的锁链，就必须给财政找到新的增长来源，同时要让乡绅们相信除了金银，他们也可以有更好、更可信的依赖体系。以炼锡公司为代表的实业，就是缪云台认为可行的新的来源和保障。公司成功证明了在云南发展工矿企业是可能的，即使没有先期的大额资金注入也是可能的。接下来缪云台就要诱导财税收入的增长方向偏向实业。

1930 年，“省政府决定成立整理金融委员会，该委员会由胡瑛任主任委员，陆崇仁和我任常务委员。胡是军人，财政金融非其所长，因而只是负名义责任，整理金融委员会成立一个月后常务委员陆崇仁调离，实际工作由我主持。”

可见这场改革是由缪云台主导的。而在此之前，云南财政已经完成了统一的工作，这是缪云台得以施展拳脚的前提。

1929 年 12 月卢汉出任云南省财政厅厅长，由一个纯粹的军人担任财政厅长，这个看似古怪的决定暗藏玄机。

卢汉，据称是龙云的“异父兄弟”。无论卢汉是否真的是龙云的兄弟，但这个细节暗示了卢汉与龙云间的微妙关系，卢汉在云南政权中地位仅次于龙云绝非偶然。人们不会忘记：1927 年“六一四”事变，将龙云从危难之中解救出来的正是卢汉；1929 年最终扫平了胡、张等势力，帮助龙云稳定云南政局的也是卢汉，一个骁勇而忠诚于龙云的军人。此时由卢汉出任新政府的财长，其目的就是凭借卢汉与龙云的特殊关系，释放这样的信息：新政府将倾尽全力，甚至不惜诉诸武力，解决财政问题，即使任何人对新的财税政策有任何不满，亦没有更张的可能。

在这个可怕的暗示下，龙云政府成功地实施了改变征收本位，纸币与现金“五抵一”兑换。尽管人们怨声载道，称“这是自古以来未遇到过的灾难”。但是收效显著，“自整理财政金融会议所定方案实施后，本省商家虽受极其严重的打击，但因政府收入增加，财政充裕，金融整理基金亦已有着，所以本省金融渐渐安定”。在此基础上，在政权强力的保证下，省政府开始了一系列财税改革。

首先是收缴特殊部门征税权。1930 年之前，政府对一些盈利大户，如造币厂、禁烟局等的收税办法是：“系独立收解军政长官，作特殊用途，财厅不得过问。”这样做的目的原为保证军事开支，但是多头管理的后果是政令不能畅通。再则，既然龙云政权已经稳定下来，最重要的将军本人就是财政厅厅长，他就不能容许任何非财政厅的机构拥有直接征税的权力。于是，卢汉发布命令：“1930

年将造币厂、禁烟局、烟酒事务局、官印局、兴文公当等单位划归财政厅管理，统一收支。”

其次是统一管理地方税。在将造币厂等特殊部门纳入财政厅管辖以后，财政厅又打算将一些地方税种管理起来。1930年，财政厅首先将原先多由县政府兼办的“牲屠税”纳入管理体系，办法是直接派人到各县办理。但是效果不好，原因是各县往往不买财政厅派出人员的账。

于是，后来对于地方上的“烟酒税、牲屠税、茶厘、糖厘等实行招商投标认额承办”，由财政厅组织招标、管理。没想到效果出奇地好，《云南行政纪实》载：“解额增加视前或相倍蓰什百。”虽然招商投标施行的时间并不长，但其明显的成效给了新政府一个有趣的提示。

统一了税收。1930年年底，卢汉离开财政厅，整理金融委员会也成立了。接下来的事情就是缪云台的了。缪云台是“整理金融委员会”的主要负责人，在他的主持下，实现了一连串的税制变身：

一是从厘金到营业税——从“每百斤征银”到“从价征收”。

“民国十九年（1930）以前，云南沿用清朝税制，有厘金、商税26种，其他杂捐64种，至于税品之多更是繁不盛数，厘金一项就有595种，商税税种合计1000多种，其他布捐、杂税捐也有700多种。”

听起来税种名目繁多，但实际上这样的税制并不适合云南的经济情况。一方面，厘金是在流通过程中收取的税种，云南因其地理特征和流通形式多种多样，征收成本之大，可想而知。所以，“征收机关全滇共有 1600 余处，征收人员 1 万多人”，且效果不佳，“民国元年，预算岁入经常项为：杂税金八两九钱八分，又银一百零一万八千；厘金三十三万四千八百，杂捐一万三千”，民国元年还是货币不曾贬值，政令比较畅达的年份。另一方面，厘金严重压抑了商业资本的活力，而较之农业和早期工业，云南的商业资本是更具发展潜力的。

所以“省政府从民国廿年（1931）起……将全省百货厘金取消，同时对旧有各税进行清理改革，除盐税外，只保留烟酒税、特种消费税、田赋、屠宰税、印花税、契税、特种营业税七种。”

改革前的土烟厘金税率是这样的：“土烟丝每百斤征银二两。”而改革后的烟酒税则是：“凡进口洋烟及外省产制烟丝，入境时从价征收 30%。”这样，商人出售的价格高则税收高，价格低的税收也低，较之“每百斤征银二两”更能鼓励商人的积极性，保护了市场波动下商人的利益。

云南取消厘金是在国民政府的税制改革指导之下完成的，厘金的改革对云南财政和经济的激励也许优于全国其他地区，所以，云南是全国厘金改革做得较早，完成得也较彻底的。同时，省政府在厘金改革的启示下，进一步进行了一系列的税制改革。

二是变田赋为耕地税。

云南田赋开征于民国初年，“自六年财政厅设立整理赋税委员会，将旧有钱粮之条丁……等项取消，以粮为本，统名之曰‘田赋’”。可见，“以粮为本”就是要求土地上的粮食产出拿出一部分来作为赋税，即使后来也可以用银元或是纸币缴纳，但起征的对象始终是这块土地上产出的粮食。在前资本主义时期，粮食产量和价格都被认为是稳定的、并且是土地唯一的收益来源。所以田赋是“明订各县征收数表，一律折征办理”，这个“折征”就是根据该地土地的数量，折合的钱粮数量。这种凡有土地之处必缴纳“田赋”，是一种将劳动力束缚在土地上的做法，即无论这块土地的情况如何，是否适合种植粮食，都必须缴纳一定数量的钱粮。

1931 年，陈旧的“田赋”制度被打破了，“民国二十年（1931）全省分区实行清丈，将各县耕地以亩为本位，重新厘订，分为三等九则制，税率甚轻，统名之曰‘耕地税’”。

这个改革增加了税收。因为当时的国民政府将田赋划归地方税收，无须向中央上缴，所以省政府对此尤为重视，对全省土地的清丈可以帮助省政府切实掌握土地的实际总量，加强对土地的控制，更好地实现税收。“昆明等 41 县原亩积共 340 余万亩，清丈后的亩积共 1070 余万亩……昆明等 91 县，旧税额计新滇币 131 万元，清丈后新税额共260余万元。”此数据显示，耕地税税入大大增加了，但是也应注意到，清丈后的亩积数是原来的200%左右，但税收增加不过100%。它的更大功用并不在于直接增加税入。

新型的土地税将表现出更为典型的资本运行和产业生产模式，例如，1935年由云南省经济委员会投资开垦蒙自草坝。那里原是一片沼泽，从未种植出任何有价值的作物，但经云南省经济委员会投入资金，排干了沼泽，草坝后来成为云南最成功的集约化生产粮食基地，也是云南茶叶、木棉和烟草的改良品种种苗培植基地。就是资本对低品级土地的再投入，是级差地租Ⅱ。

当然，称耕地税改革引致了大规模农业资本投入和生产是不符合实情的，云南的农业生产模式也未因税制改革彻底变革。但级差地租的存在，的确能促进二元经济体系的形成。我们来看云南的一个例子。

20世纪30年代中叶，方国瑜先生在滇西边区考察时记录了耿马孟定某普通农户的情况：“他一家七口，以旱地种植业为主，每年经济收入情况是：收获玉米20驮，剥得玉米子8石，折合40元滇币半开；收鸦片120两，每两常价是7角，折合80余元；种青菜及山芋不计产量，仅作小菜，养牛、马各一，用作运输，猪三头、鸡四五只，作为一年肉食。除了生活之外，他们的负担支出是：交纳土司计头目门户税4元5角，团保费10元，剿匪费10元；招待土司派员伙食费4元，办学费3元，地租罚金 20 两，合 14 元，共计 45 元 5 角，占收入的 1/3 强……据该农户说他是下等户，交纳尚不多，如系中等户，则不下七八十元，上等户超过百余元。言语之中有一些侥幸之感。”

第一，地租罚金分级，这里描述的应是耕地税改革之后的情况。第二，从总量上看，该农户的负担支出是收入的 1/3，这就低于了封建地租的水平（“中国封建地租常占产量的一半”），所以在总量上，该农户可以获得一定的剩余，这个剩余就有可能流入市场，增加总需求从而促进产业化的进程，这是二元经济的典型表现，即“以货币表现的农业对非农业的净流出”，农户因为被定为下等户而有侥幸之感，很可能是地租分级帮助他获得了这些剩余。当然，几乎可以肯定，即使中等地和上等地的税率更高，但他们也应能获得不低于 2/3 的剩余。第三，从收入细部中，我们发现，玉米折合滇币半开 40 元，鸦片折 80 元，而其余的收入项目不计价，而这两项就是这个家庭最主要的收入来源。它们的明确计价意味着农产品已投入市场流通，而非自给自足。第四，从支出上，我们发现，尽管不乏苛捐杂税，但没有一项是针对人身的，这些税收都不能将这七个劳动力中的任何一个束缚在土地上，所以，这户农家每年的盈余足够溢出一个劳动力。有可能，方先生会在若干年后在昆明偶然遇到这家人到城里工厂打工的一个儿子。于是，二元经济模式要求的，农业对非农业部门劳动力的净输出也成为可能。当然，不是说耕地税的改革真正地改变了云南的经济模式，这里谈的只是有了这样的可能性。

三是开征“龙云税”。

民国十九年（1930）云南省政府决定对一切经云南的货物，不论本地产或外地产，“除征收关税外，重征一道消费税，分从价从量两种，矿产品也以特种消费税征收。特种消费税是云南的一种特有税种，其征税品种和税率均由云南根据需要自行拟定”。因其非常独特，独此一家，特种消费税被戏称为“龙云税”。

特种消费税是一种关税的附加，它的征收对象是“以海关税为蓝本，把海关税所列品名加以选择”。理论上，关税通常可以分成两种性质，财政性关税和保护性关税，财政性关税主要目的是增加财政收入，通常由进口商缴纳；而保护性关税是以保护国内幼稚产业为目的的，旨在通过增加对进口商品的税收抑制进口，从而保护本土企业。

据《续云南通志长编》，特种消费税的税则是这样的：“征收特种消费税则，分为二大部，一为本产货品税则，共列五十九号……其从价征收者，自百分之二点五起至百分之十二点五止。次则为外产货品税则，共列四百五十九号，其税率又别为洋产、国产二项。普通物品，洋产征收百分之十，国产征收百分之五，惟洋产工具，为提倡本省实业起见，特别减轻税率，仅收百分之二点五，机器则完全免税。其余如奢侈品及有特别不利本省工商业发展之货品，比较普通物品税率稍有增加，自百分之十二点五至百分之十七点五不等。”这是1930年的情况，1933年，在缪云台的提议下，又开征“入口货特捐”，大大增加了部分进口商品的税率，有些几乎是惩罚性的：“将捐税从起码的5%开始，按照是否是生活必需品的原则，将税率逐渐提高，细布匹头再增加一些，洋烟洋酒便抽到100%，花旗参等奢侈品，便抽到200%。”

那么，云南的特种消费税是财政性的还是保护性的呢？

首先，它无疑是以增加财政收入为目的的，证据就是它对消费弹性小的生活必需品征高税，对本省外省产品都不例外。原先外省生产输入云南的棉纱仅征2.5%，但不久以后，“由于这一级里棉纱是大宗货品，税率改为5%……（本省）红糖由每百斤一元到三元，茶叶由每百斤二元增加到六元。屠宰税猪由每口二角加到一元，羊由每头一角加到三角，牛由每头一元加到三元”。并且，在效果上也的确大大增益了财政收入，“据官方公布的数字，不包括糖、茶两种，其他消费税收入，1931年至1938年的8年间，共收入新滇币8800万元。如果加上糖、茶两种消费税收入，以1939至1940年6月的收入，则9年半的特种消费税总收入约在新滇币1.2亿元以上”。因此，可以说它是财政性税收。

其次，特种消费税也的确承担了某些保护地方经济的责任，并在事实上发挥了作用，在这个意义上，它又是保护性税收。第一，税则一开始就特别提到“惟洋产工具，为提倡本省实业起见，特别减轻税率，仅收百分之二点五，机器则完全免税”。这项政策为此后以云南炼锡公司为代表的云南矿业企业的产业升级提供了极大的优惠。

此外，很重要的是，进口税率分级非常巧妙地利用了帝国主义国家争夺海外市场的矛盾，也避免使云南成为众矢之的，所以这个新税种尽管令奢侈品供应方——法国非常不满，却很讨好英国和德国这样的设备和技术提供商。甚至为了减轻这些国家的不满，在税制上也有倾斜。作为该税制的主要设计者，缪云台此前就考虑到：“当时进口的大宗是棉花、纱、布，这方面捐税定得合理的话，不至于引起列强的特别注意。”所以结果是，除法国以外的其他列强几乎是默许的。并且，因为没有对国内其他地区的输入品征高税，南京方面也默许了。而且，在此后的汇率改革中，英国也旗帜鲜明地站在龙云政府一边，不能不说与此有关。这可以说是在政治上赢得了空间，从而起到了保护本地产业发展的目的。

第二，税制的设计非常明确地体现了保护本土产业的意图。虽说对本产货品和外产货品都征税，但在征税对象和税率上采取了差别待遇，只对 59 种本产货品征税，税率是 2.5% 到 12.5%；而对 459 种省外和国外的进口品征税，普通省外产品税率为 5%，普通国外产品税率为 10%，奢侈品税率则从 12.5% 到 17.5% 不等，差别非常明显。此外，在 1930 年税制改革中还称：“有特别不利本省工商业发展之货品，比较普通物品税率稍有增加。”所谓“特别不利本省发展之货品”，即是指在将来本省可能大规模发展而与进口同类产品产生竞争的货品，新税制将一律对此类货品征高税。

这是特种消费税所引致的另一种保护本土产业的形式，尽管无疑地，其目的还是增加财政收入，但却引致了官僚资本企业的大规模发展，而较之税制改革对财政和经济的贡献，企业的发展将会做出更大的贡献。

财税制度的改革无疑是成功的，据《云南省志》记：“从民国十九年（1930）开始结束了云南财政长期入不敷出的局面。税收收入年有增加，收支平衡有余，理顺了财政和金融的关系。这是云南财政史上的一个进步。”详见下表。

1930~1937 年云南财政收支情况表

单位：万元

年度	收入	支出	节余	亏欠
1930（以滇币）	4,172	3,980	192	
1931（以滇币）	5,149	3,911	1,238	
1932（以新滇币）	1,481	636	845	
1933	（缺）	（缺）		
1934（以新滇币）	880	1,500		620
1935（以新滇币）	988	1,359		371
1936（以新滇币）	1,995	1,632	363	
1937（以新滇币）	1,772	1,338	434	

注：云南地方志编纂委员会《云南省志·经济综合志》1994 年版，第 182 页

改革的意义还不仅限于此，缪云台这一套组合拳的

意义在于，从新的税制中云南省政府不再能够从穷兵黩武、兴兵征伐中得到任何潜在的“好处”，自然也就断了“当军阀”这个念想。另外，更重要的是，新的税制使得社会经济发展成为政府增收的主要途径。于是我们看到，1934年以后，政府支出并未减少，而是大幅度地增加了。1934年和1935年甚至又出现了财政赤字，只是此时的财政支出有了新的方向：

1928~1937年云南省经济建设费支出表

单位：元

年度	金额
1928	136,230.15
1929	534,852.12
1930	512,478.80
1931	600,118.10
1932	591,069.24
1933	1101,522.00
1934	258,065.09（新滇币）
1935	153,268.40（新滇币）
1936	175,424.40（新滇币）
1937	197,988.40（新滇币）

资料来源：云南地方志编纂委员会：《云南省志·经济综合志》1994年版，第182页。

顺着财税改革的路线，云南省政府最终告别了以军事目的为己任的军阀政府，而成为“建设新云南”的地方政权。

而唯有此，才是解决云南财政金融危机的开始，否则，光是针对金融，或光是针对财政的改革，哪怕义正辞严，哪怕痛下决心，哪怕推翻原来的政权，都是不得要领的。

全新的富滇、全新的滇币

在缪云台的回忆录里，写他成年以后的章节都是一个个的机构，比如：富滇银行、农矿厅与劝业银行；云南炼锡公司、云南省经济委员会、云南人民企业公司诸如此类，彰显其直截了当、清晰明白、没有废话的金融家特色。唯有富滇新银行，那一章叫作“我与富滇新银行”，其实以其他的机构命名的章节里写的也是缪云台与某机构的故事。现在他心里，与其生命最紧密连接的最珍视的回忆就是在富滇新银行的日子。

富滇新银行，1932~1950 年，历任的银行行长只有两个，李培炎和缪云台，一个一年多，一个十五年，缪云台是后者。从这个意义上来说，如果缪云台稍微诗意一点，他完全可以将这一章命名为“我的富滇新银行”。

富滇新银行、矿业银行员工徽章

1932 年，富滇银行已经继续不下去了，正是在缪云台的建议下，龙云决定结束富滇银行。

龙云当然没有忘记唐继尧的教训，一味用财政贴补金融容易引起财政支出部门——军队或是官员的不满。本来向金融部门注资的目的也是为了重铸信用货币的信用，并不是要回到银元时代。现在的问题就是：要再扶持旧滇币，还是创造新滇币？

对于前一个方案，有人认为更有益于金融平稳，加之金融形势已经稳定，似乎没有结束旧行的必要，而且成立新行也是有风险的，当时昆明市经济局就明确反对收束旧行："回忆九月（1930 年）中旬，金融状况已渐回复，嗣因政府又另设新银行，替代旧银行之消息传出，一时人心汹汹，恐惶万状，以致汇水跌而复涨，物价平而复腾，社会秩序，隐伏危机，一旦成为事实，前途何堪设想。"

虽然风险的确存在，但实际上龙云政府别无选择，只能收束富滇银行。众所周知，旧富行曾大量借款给省政府，这些借款都化成滥发的纸币流通于市场，尽管 1930 年尽力以财政收入填补，收毁旧币，但也只占很小一部分。上文建议不结束富滇旧行的昆明市经济局的函也提道："以富行先后发行之纸币将近万万，此项巨额纸币，虽大半系由政府借

富滇新银行印

用，不啻政府发行，实际上仍系散诸民间，凡滇千七万民众，富者无论矣，即下至无产阶级亦莫不各有一份负担。”的确，如果结束富滇银行，将旧滇币永远定格在5:1上，将有无数在滇币价格高时持有滇币或以滇币计价资产的云南人蒙受损失。而你不妨倒过来想，如果不结束富滇银行和旧滇币，则是政府将承受同样的“负担”，他们必须还上所有对富行的欠款。

那么，答案就很清楚了，推出新纸币势在必行。

加之此前的财税改革和产业建设已经给财政积攒了一部分资金，更关键的是1929年以后，龙云再也没有出征打过仗了，休生养息了这几年也有些许结余。可以有钱作为资本金铸新币，办银行了。

而且缪云台意识到，经过这些年的金融危机，实际上市面上已经没有十足的滇铸银币，仍在流通的多是护国、靖国银币，富滇银行准备空虚，而偷偷减少了银币中的白银含量，白银成色只有45%左右。典型的劣币驱逐良币，含银十足的银币早已尽数流到了国外，或是被老百姓储藏起来了。于是，作为整理财政金融委员会的常务委员，他给龙云出主意，不如就承认这个事实，以半开银币（含银量为50%）作为新银行的准备。这样不仅可以省掉一大笔资金，更重要的是，以劣币作为准备金，一定程度上可以扼制像法国东方汇理银行这样打算吃定云南金融的角色，他们想要将半开运出海外，颠覆云南金融，当然仍是可行的，但运走劣币成本会加大，利润会变薄。到了

1932 年夏天，省府已存有滇铸的半开银币 1600 万元，已经准备好了成立一家新的银行。

依云南省政府民国廿一年（1932）六月四日第 9921 号令，《云南富滇新银行章程》已经省政府议决通过，“并令发李行长（李培炎）即行准照组织，限七月一日成立”。

同时，新滇币上市，新滇币的上市抓住了一个难得的契机。新滇币于 1932 年 10 月作为富滇新银行兑换券投放市场，在上市之初，为了赢得市场信任，富滇新行承诺为一切旧滇币、新滇币按官方牌价承兑滇铸银币。

当时的官方牌价是：“新旧滇币的兑换率为 1:5，并执行无限制汇兑政策。当时新滇币的币值约为国币的 1/2，而旧滇币市价约为国币的 9%~11%。”这个牌价原是因为旧滇币曾大幅度贬值，税制改革时规定旧滇币与银

富滇新银行 1 元新滇币

富滇新银行 5 元新滇币

富滇新银行 50 元新滇币

富滇新银行 10 元新滇币

币按 5:1 计算而得来的。

但是适逢 1929 年至 1932 年的“金贵银贱”风潮，白银价格跌去了大半，以白银为本位的国币价格也随之大跌，这样，按 1:5 被抬高的新滇币就显出异常强劲的购买力。

然而，历史一再证明，凡是那些仅仅是依靠走运，而非明智就获得成功的公司，总是离倒霉不远。仅仅在两年后，这家银行再一次被迫面临倒闭。这或许是令人始料未及的。

原委要回到缪云台一直在考虑的一个问题，如果一个制度、组织、企业有问题，或者根本是失败的。打破它、

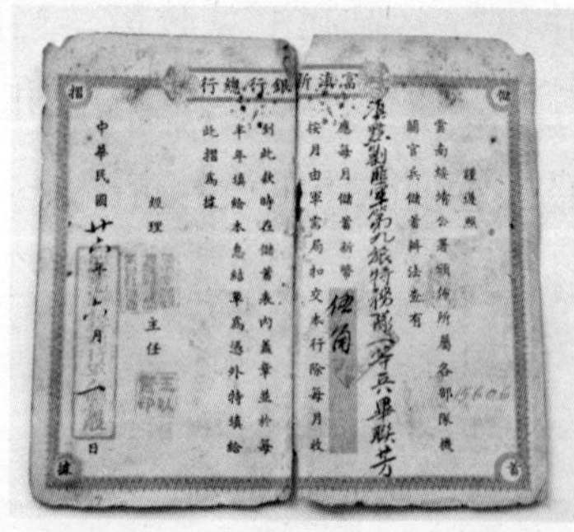

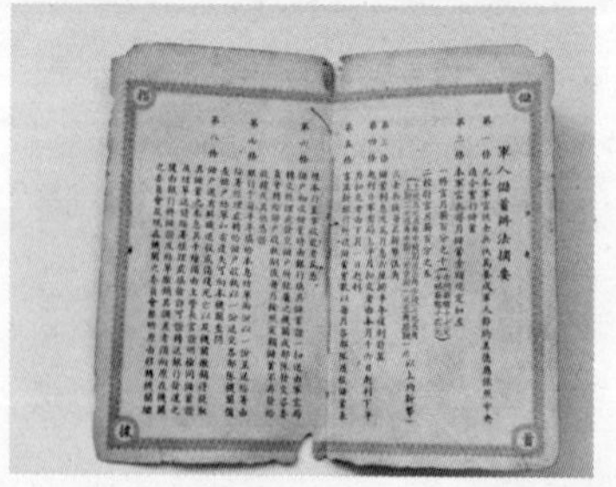

富滇新银行存折

颠覆它并不能完全解决问题。更难的是颠覆了它，接下来该怎么办。云南人对财政、金融相互勾连、影响、谁也发展不好这一事实已有很深的印象，从首脑、银行家到普通民众，所受的教训不可谓不深。于是龙云政府意识到再也不能借力银行滥发纸币任意穷兵黩武了，那样做的后果只是搬起石头砸自己的脚而已。于是他不打了，也不再向新兴的富滇新银行借钱了。这当然很好，但是大家都忽略的一个问题是——富滇新银行该借钱给谁呢？

事实上，金融和政治的联姻并非云南独有，甚至并非“半封建半殖民地”的特色，19 世纪末，伦敦和华尔街上早期的银行家几乎都忙着寻找各种政府向他们贷款，本杰明·迪斯雷利说：“那些权限无边的贷款上，有时君王和帝国的命运都要仰赖他们发出的贷款许可证。”拜伦对此现象的描写更为诗意：“每笔贷款或撑起一国，或颠覆一军。”作为中国人，我们从初中历史课本上就知道，自鸦片战争以后，帝国主义国家的各大银行为了争取给清王朝、袁世凯、各地的军阀、各式各样的政府贷款，巴不得打起来的事实。政府之所以要仰赖银行，是因为“许多政府在战时缺乏完善的税收机制支撑战争开支”。而银行之所以要如此，朱尼厄斯·摩根一句话就说明白了：“这个领域还非常有利可图。”仅此而已。并非像《货币战争》中宣称的：“滑铁卢之战，六位美国总统的死亡，希特勒的崛起，日本经济泡沫的破裂，亚洲金融危机，一位旅居美国的业余历史学家言之凿凿的宣称，这些横跨两个世纪、彼此无关的事件，都缘于一小群国际银行家争夺‘货币发行权’。”银行家肯定不是阴谋推翻地球的外星人。对他们来说，无非是“这个领域还非常有利可图”。换句话说，当他们选择的领域伤害了普通人的利益或感情，咒骂他们、揭露他们、推翻他们都是没有用的。

唐继尧的富滇以后，李培炎的富滇新银行是第二个踏入不道德领域的金融人。然而，他能怎么办呢？资本永无眠，他的职责就是必须找到有利可图的领域。

失去了政府，富滇新银行庞大的资本必须有增值的出路。

第一，汇兑生意。由于国际市场上白银不断跌价，而国币以白银为本位，也随之不断跌价，所以在1930~1934年之间，汇价就不断上涨。富滇新行自以为这是一个投资契机，以为此时大规模向市场抛售外汇，就可使汇价下跌，从而可以帮助新滇币站稳市场，于是据《云南行政纪实》载：“新行成立之初，即以平抑汇价为稳定金融之入手步骤，社会亦以此向瞩望，于是将所购远期外汇充分售出，并将汇价逐减，此时外汇跌落颇著成效。”但是汇价不能只涨不跌。一旦汇价下跌，新行就被高位套牢，而除去自己经营的鸦片生意，新行并没有稳定的外汇来源，所以到了1933年年末时，“对于出口商人售给新行之远期外汇及办押汇者成本亏折多不能照约交付，而新行已将此项汇款全部卖出，持票人纷到港沪兑取，新行又无其他来源可以筹垫”。

缪云台后来回忆刚刚开始经营的富滇新行，说：“他（指新行首任行长李培炎）在汇兑牌价上喜欢标榜比市价略宽的牌价，借此争取较多的汇兑生意。在昆明及滇省各地超额卖出汇票，但却没从香港、上海等地购进充足外汇作为偿付之用，因而省内的富滇新银行可以在无限制汇兑政策下，兴高采烈地卖汇票……最初李西屏先生（李培炎）将即期汇票改为见票30天付的期票，以后又改为三个月付的期票。”这些空头卖出的汇票就是富滇新行过度发行的信用，它们能赚钱的前题是汇价持续上涨，但汇价不可能永远上涨，一旦汇价下跌，高位卖出的汇票就变成了富滇新行的亏损，而富滇新银行少得可怜的资产是否有能力补上所有亏损呢？

第二，鸦片生意。民国廿一年（1932）十月，富滇新行刚刚成立，李培炎就向龙云报告称：“以职行论，现时存款不少，而放出款项无多，资本过剩，不能全数运转，利息一项负担较巨。拟由职行设一出口部，即以每月收入整理金融补助款三十万元为贸易资本……以后按月收回归款，拟此办理，则外款转出较多，汇水必平，公家需款亦觉便利……”龙云立即批准了李培炎的这项提案。

富滇新行的出口部其实只是对外出口鸦片的部门，由于1932年鸦片市场价格非常之高，“1930年鸦片烟价每万两约为旧滇币四万余元，1931年底涨至五万至六万元”。为了不失去这样的好机会，这个出口部就大肆从富滇新行账上转出资金，购买鸦片或是鸦片期货。如同汇价一样，鸦片也不可能永远上涨。当鸦片价格下跌，则富滇新行又面临亏损的压力。

同时，对外汇和对鸦片的投机转过来又推高了纸币发行量，虽然新滇币取得了一定的市场认可，可毕竟不稳定，此时若任何危机引发挤兑，后果是不堪设想的。

缪云台在回忆录中说：“这个有十足准备的银行，在成立不到一年的时候便陷入了危机。”

对于1933年末至1934年初的金融危机，据《云南行政纪实》载：“（由于新行大量抛售外汇，使得汇价跌落）此种不自然之跌落，对于入口商颇著有利，争汇者日众，而对于出口商人售给新行之远期外汇及办押汇者成本亏折多不能照约交付，而新行已将此项汇款全部卖出，持票人纷到港沪兑取，新行又无其他来源可以筹垫，遂亦不能如期交付，于是人心惶惑，对于信用无不动摇，而挤汇之风又复盛炽，是时外汇在法令上既受统制，于是货物走私，外汇逃避及外汇黑市之现象随之以生。新行虽有外汇管理之权，而实际上已不能灵活应用，云南金融又至一紧要关头。”

实际上，1933年年底的这次危机，就是一场外汇危机。富滇新银行要起到管理本地外汇的作用，要做到以市场最优的价格提供汇兑服务，并通过公开市场操作方法稳定金融和货币市场，前题是必须掌握足够多、并且来源稳定的外汇。

当然，李培炎也考虑到了，他抓住了云南当时的一个支柱产业——鸦片，热心地使富滇新行亲自参与鸦片生意，或者积极地给大鸦片商人贷款。但是，鸦片，即使忽略它本身的邪恶，仅只将其视作金融业的支柱仍是问题重重的。首先，作为一个只能黑市交易的品种，鸦片市场既没有透明的信息渠道，又没有任何监管，风险很大。其次，无论以任何一地作为大烟的目标市场，都迟早会遇到当地政府的严厉打击，本来兴旺的市场很可能在一夜之间就一落千丈。

本来 1931 年年底时已经爆发过一轮鸦片风潮，“云南运出的烟数既多，积压愈久，不得不争相拉价，求售存货，但竞争愈烈，货愈售不出……烟商倒闭的有七八十户，被牵连亏损的约四五百户，市民被牵连的千余户，共计亏损旧滇币二千万以上”。到了 1933 年年初，鸦片生意又红火起来，“1933 年曾是大烟投机高潮，烟商争购大烟，陆系官僚资本的兴文官银行又鼓励抵押与贷款，富滇新银行也给与跟单汇押”。但是，仅仅到了年底，情况就变成“大烟运到汉口，烟价大跌，投机烟商倒号牵连，造成恐惶状态，押汇款按期不能周转，使富滇新银行在上海、香港的汇兑有出无入，昆明开出的汇票无法兑现”。这样恍惚不定的市场，当然是不适合作为一个金融体系的支柱的。所以鸦片的忽然跌价，又一次引发了云南的外汇危机。

缺钱的富滇新银行当然不会忘记，云南主要出口换汇的商品除了鸦片还有大锡。与鸦片不同，大锡问题在于政府并不能完全控制那些多金而强势的锡商们。

早在民国廿一年（1932）十月，省政府就拟定了“云南省政府管理外汇办法”，授权富滇新行管理外汇，“次年（1933）一月，并由新行拟定富滇新银行办理外汇细则二十条，依据此办法，凡出口商人所得外款均应卖于新行。”

但是，令新行惊讶的是，竟没有锡商卖给新行外汇，为了获得更稳定可靠的外汇供给，个旧的锡商更愿意卖给东方汇理银行，当年七月，愤怒的富滇新行向省政府控告个旧锡商将外汇卖给东方汇理，并请求专门针对锡商出台大锡跟单押汇章程，报告称：“法人（指东方汇理银行蒙自分行）对于个旧办锡出口，各锡商利用跟单押汇办法，以遏制吾滇汇权……呈请钧府鉴核，令饬个旧行政机关限制个地锡商以后运锡出口，勿论中外商号，均须一律向富滇新银行个旧分行办理跟单押汇。”

事关云南金融体系的外汇来源，新行的申请很快得到了批准，民国二十二年（1933）七月十七日，省政府就颁布了《云南富滇新银行个旧分行大锡跟单押汇章程》。明令规定，所有个旧锡商均须将出口大锡所得外汇卖给富滇新行。

该规定于1933年8月1日起执行，但很快就遭到个旧众锡商的反对，8月1日当天，个旧330家锡商就联名呈请省政府取消这个章程，9月25日，省政府的答复为：“其中如有困难，可向银行会商酌予变通，惟原则绝难改易。"

于是双方开始漫长的协商，争论集中在是按大锡离岸汇价结汇，还是到岸价；是由富滇新行定外汇牌价，还是由锡商们定。并且，锡商们对富滇新行的结汇能力也表示怀疑，希望新行能在大锡离岸十六天内提供结汇，这些对新行来说是很苛刻的。但是，锡商们不比鸦片商人，他们在云南政界、商界都更有影响力。

最后，章程于1933年11月16日停止执行。大锡商人的不配合很可能加剧了富滇新银行的外汇储备空虚，从而导致了外汇挤兑风潮。不过这场历时三个月的闹剧，也促使省政府认真考虑这样一个问题：富滇新银行与大锡产业——这个近代云南最具实力、影响力和潜力的行业间该是什么样的关系。

兼任行长的约法三章

1934年年初，龙云已经被富滇新银行与个旧锡商的矛盾弄得焦头烂额。富滇新银行刚刚成立，就因为缺少资本金差不多要被迫关门了，而锡商们明明有钱，却就是不愿存在富滇新银行，也不肯委托富滇办理跟单押汇。强迫他们，还真是"胳膊拧不过大腿"，在大资本家面前，云南王龙云也莫可奈何。

怎么办？为今之计，只有将锡商的代表弄来执掌富滇，或许还有转圜的可能。说来也怪，在中国，两种力量间的矛盾往往可以用人事任免来调和，任用一个双方都不讨厌的人，或者罢免一个一方不待见的官，问题就变得容易了。可是，谁呢？

而此时，缪云台和他的炼锡公司正好涌现出来。一方面，炼锡公司使一部分锡矿不必远销海外，冒汇差的风险，“由于就地冶炼，免去了香港转手的费用，降低了生产成本，因此可以提高收购矿砂的价格。直接外销不久，我们就将收砂价格提高了 10% 左右”，所以缪云台在锡商中很有号召力。此外，缪是炼锡公司的创始人，也是股东，而很多个旧锡商也是炼锡公司的股东。这样锡商们会认为缪将会站在炼锡公司以及锡商的立场上。另一方面，缪又毕竟不是锡商，他的身份还是云南省政府的官员，冲着这个身份，省政府有理由相信他也不会对政府不利；而且，他在创办劝业银行时表现出来的卓越金融才能一定也让卢汉和龙云印象深刻。最后一点，当时炼锡公司已经取得了在伦敦上市，并与中国、汇丰、渣打银行合作，以英镑结汇的经验。这给莫可奈何的云南外汇问题，找到了新的出路。

于是，1934 年年初龙云亲自发电报给在个旧的缪云台，希望他出任富滇新银行的行长，确切地说是兼任，因为他不必辞去炼锡公司总经理的职务。实际上，龙云正是需要这种兼任来权衡各方面的利益，打消各方面的顾虑。

“兼任”二字，意味深长，一来，似乎是隐含了一个协议——大锡为银行提供稳定的外汇来源，而银行或者也有可能为大锡提供贷款以扩大生产；二来，更有深意的是——从此富滇得听资本的，而不是省长的了；第三，也是最重要的，一种通过联姻让银行生存、企业发展的模式就此诞生了。

1934年年初，缪云台上任，成为富滇新银行行长。严格地说，缪不是派去任富滇行长的，而是被“恳请”去的。

既然如此，缪的出任是有条件的。搁今天，那就大约要提年薪不低于多少，股份多少。但是缪云台不同。1934年他已经年近四十，这四十年他所见所闻云南的风风雨雨、跌宕起伏太多了。有多少英雄豪杰因为这家银行崛起于山间旷野，又因为这家银行凋敝。唐继尧、顾品珍、吴琨、顾视高、他哥哥缪嘉寿、龙云、卢汉、李培炎，甚至他自己的年轻时代。这些都告诉他，要么能够驯服富滇这匹烈马，要么就完蛋。像如今这样，这家企业干不好，换家企业再试试，在那个年代是不可能的，干不好，说不定就得拿命来换，或者拿全云南老百姓的明天换。所以，他不要官、不要钱，他要龙云政府还富滇“自由身”。

1934年，上任伊始，他就代表富滇新银行向龙云政府提出了“约法三章”：“（一）富滇新银行不代理省金库；（二）省政府不向富滇新银行举债；（三）龙、卢两人不在富滇新银行开户头。”

咱们先撇开第一条，来说说第二、第三条。我们知道，当年富滇银行的倒塌，就是因为唐继尧向银行借款过多，借了又不还，银行只好使劲印钞票对付。如此才演成了金融危机，当然其实原因比这个多，比这个复杂，但老百姓就是认为——政府赖账是金融危机的原因。

所以，缪云台上任之前必须给老百姓一个交代——我执掌的富滇，政府、金融二者撇清了关系，从此以后政府不得向富滇借钱了。更有甚者，连政要——龙云、卢汉两人也离开富滇新银行远远的，他们个人也不能向富滇借款，连客户也别是。这样再回来看第一条，富滇不代理省金库就不难理解了。按咱们老百姓的话说，就是我也不想再借你钱了，你政府每年的财政收入，财政金库，也别放在我这里了，我们两不相欠，各自为政，井水不犯河水。事实上，政府承诺不向货币发行银行借款，在那个时代渐渐成了世界各国都接受的"通例"，自第一次世界大战以后,许多国家的政府都承诺不向自己的货币发行银行借款。奥地利和匈牙利政府就明文规定政府不得以任何形式向银行借款；德意志银行可以借款，但有明确限额，并且必须在一个月内归还。

据说这个由龙云亲笔签名的"约法三章"被挂在富滇的营业大厅里。一来呢，签字的人，你就不好意思违反了吧！二来呢，这个"约法"本来就是为了安抚老百姓那一再被伤害的对富滇的信心，一定要广为宣传。

所谓乱世用重典，这样一个有些绝对化、有些不近人情的"约法三章"，的确制止了可怕的银行挤兑。

然而,俗话说"硬币是有两面的",那么容易解决的话,富滇的前辈们也都能想得到。虽说没有明确地“约法三章”，但建行之初那个李培炎行长不也是致力于不向政府借款，不依赖省财政金库的事业吗？“初衷”良好的李培炎行长，为什么找不到出路呢？

其实，我们不难发现，这个约法三章里头有个明显的悖论。作为一个货币发行银行，发行纸币那是需要金银准备的，一开始只是有限的一个数目，以后逐年需要增加发行，就要增加准备金。怎么办，财政年入当然是最好最稳定的收入来源。每年都有稳定的税收收入，这些资金存在银行，就可以成为资本金！之前富滇银行虽然“形同虚设”，但始终不会倒闭其原因就是因为其货币发行依赖财政收入，省财政金库一直就设在富滇，从没有离开过。政府一天不倒台，财政就总会有收入，这样银行总不至于“没钱”。这是多好的一桩事情呀！所以，缪云台自己说，不代理省库这件事“在当时全国来说还是第一个”。事实上，不仅仅是第一个，也是绝无仅有的一家。缪云台则通过“约法”请财政金库离开富滇！当然这也为了表明金融和政府划清界限，独立经营的决心，但是从今往后，新滇币的发行用什么做依靠呢？

缪的设想是：货币发行，尤其是信用货币的发行需要稳定的收入来源作为担保，税收当然是理想的选择，存款因易遭挤兑不能单独作为发行准备，但是参与运行的资本也许可以，因为如马克思所揭示的，资本运动会带来增值。于是，缪云台另辟蹊径，就有了后来的富滇新银行组建的省经济委员会——缪系官僚资本企业，用这些产业作为货币发行的保障。同理，省库资金不参与货币发行，这些钱也无处可去，无法生息获利，所以也就产生了财政厅组建的企业局——陆系官僚资本企业。然而，1934 年，他出任行长时，这一切都不过是个设想，缪能够指挥的企业的资源也只有一家——就是他自己创办的炼锡公司。所以，事实上，1934 年“约法三章”之后的富滇其实是成败莫辨。

战乱年代的实业家

工商业巨子都是天生的梦想家，和普通的梦想家不同的是，他们知道该如何将“梦境”变成“现实”，他们的才能就是做“现实”的梦，再用想象力和创造力去实现。从跟单押汇到云南省经济委员会，从云纺帝国到人民企业公司，各式各样的“梦想”经由缪云台之手照进现实，也实现着一代实业家改变云南落后面貌的梦想……

新行长的新“跟单”办法

1934年，自打缪云台以云南炼锡公司总经理身份出任富滇新银行行长以后，大锡就好像是富滇的救命稻草，富滇有难，大锡帮忙；大锡上市，富滇得利。能这样固然很好，但是如果金融不能给产业以帮助和扶持，反而要产业驰援金融，那这样的金融就太“逊”了，也就失去了它值得称道的进步意义。而所谓进步意义，是要以金融所独具的“融汇贯通”之力帮助产业发展，而非以往那样，仅仅依靠注入资金。尤其是，此时的大锡并不那么急切地需要银行提供资金，但这并不等于说，大锡不需要银行。

先来说说大锡贸易的特点。大锡质量极重，价值又高，而主要市场又是大西洋那一端的欧洲和美国。所以一车大锡从个旧开采出来，运到欧洲的军工厂的生产车间，在那个年代，少说也得半年。大锡价值高，矿主们不可能等到货到欧洲再付款，而买主也不愿意货还在个旧就给矿主付钱。再说欧洲人付的是欧元，香港人付港币，而矿主们要的是滇币，用来付给工人工资以及其他开销。

因此之故，大锡贸易大致需要三项服务：1，汇款；2，兑换；3，货在途中，货款未到之时，提供贷款以应付锡商和矿主日常头寸。所有这些需要加起来，就驱使银行创设了这样一个贷款产品——跟单押汇。通俗说来就是：大锡一上滇越铁路的车皮，银行就给矿主们一笔贷款（滇币），好让他们能维持生产。这样货到欧洲，买家通过银行给矿主汇出货款，矿主将得到的货款以一定的利率卖给银行，抵偿之前的贷款。

“跟单押汇”（有时亦称“跟单汇押”）是富滇新银行在缪云台时代最为著名的产品，富行之所以在东南亚颇有影响力，一多半是因为“跟单押汇”。

但之前在讲述与东方汇理银行斗争的故事时，我们就知道这个贷款产品是服务于大宗出口物资（除了大锡，鸦片也用过），而且并非缪云台和富滇的发明创造，早已有之。云南因为自己的资源禀赋，这个金融业务开展得颇为蓬勃，但主要被东方汇理把持，富滇和富滇新行都曾想在这个业务中分一杯羹，但都不得门道。那么它是如何变成缪云台时代富滇新银行的明星产品的呢？

话说 1933 年富滇新银行终于放弃了强制锡商向富滇办理跟单押汇的企图，《大锡跟单押汇章程》于 1933 年 11 月 16 日停止执行。当时大锡商人的不配合很可能加剧了富滇新银行的外汇储备空虚，从而导致了外汇挤兑风潮。

但是，奇怪的是，明明锡商们并不那么喜欢东方汇理的跟单押汇服务，而自家的银行也提供同样服务，他们应该感铭有加，争相办理才对啊？又为何要强烈拒绝富滇的跟单产品呢？

其实原因很简单——富滇能提供给锡商的汇价，甚至不如摆明了要剥削锡商的东方汇理银行，而这又是因为：富滇银行的货币与白银挂钩，要用外汇换白银再与滇币一一对应，成本极高。在云南拥有大量外汇的就是锡商，锡商换得的外汇最终也是要换成本币用于购买原料和劳动力的，跟哪家银行换不过是由价格决定的，如果富滇能提供较优的价格，这部分外汇是不成问题的。但是，富滇囿于自身白银储备不足，不敢放宽价格。因此之故锡商即使对东方汇理多有不满，却也不愿意以更不划算的价格与富滇换汇。典型的案例比如：1934 年以前的云南炼锡公司，虽说同为政府的企业，但缪也不愿与富滇换汇，而是找了中国、汇丰和渣打这三家银行为其汇兑外汇。缪云台自己就不找富滇，其中缘由他当然是最清楚的。

所以他知道，要让富滇有足够的外汇，就必须让锡商愿意在富滇进行跟单押汇，而要支付得了令锡商满意的汇价，就必须使新滇币与白银脱钩。所以问题不在于锡商们是不是"待见"富滇，而是富滇能给出什么样的贷款政策，而这个问题的关键其实是滇币是不是绑定在白银身上。要解决这个难题，威逼锡商没用，要有用就不得不让滇币和白银脱钩，过不了这一关，其实无关谁来当行长。

既然此意已决，缪云台就立即行动起来，第一步战略是大量购汇：1934 年 3 月富滇新银行宣布以前所未有的优惠政策向出口商人购汇。"（富滇新银行）个旧分行办理大锡押汇细则于同年（1934）七月十九日奉省政府核准施行……规定大锡跟押五成，即以此五成外汇卖于新行，其卖与新行大锡积土产货换得之外汇，新行以合理水准价格买进，富滇新银行对外汇买进卖出之价格包括新行在滇预付汇价利息在内，相差百分之五，例如新行港汇牌价为1050元，则大锡押汇为1000元……此新方案实行后，出口商之外汇，不但不自行保留或逃避，且相率自动卖与新行。”

也就是说，你出口我给你贷款，交易完成你把所得外汇卖给我，我只在购汇时收取不高于5%的差价。除此之外，没有押金、罚款和高昂的贷款利率。

这个贷款产品一经推出，就使得出口大锡和其他矿产品的商人纷纷响应，几乎所有的云南出口项目都是先贷款后卖汇，汇率上明码标价，不让出口商吃亏。这样一来，非但云南商人热衷于此产品，连东南亚和云南对口贸易的商人也纷纷找富滇“跟单押汇”。而富滇后来在东南亚的强大影响力，也正是源于此。所谓“一招鲜，吃遍天”。

第二步战略是脱钩：在获得了较充足的外汇储备后，加之云南炼锡厂也能提供稳定的外汇来源。1935年年初，富滇新银行拟订了一套管理外汇的方案，这套方案主要有下列三点：“（一）宣布白银省有的政策，限制白银在货币市场上的流动。那时滇币票面上仍印有‘凭票即付滇铸半开’字样，但非依法申请，不能兑现。（二）强调无限制的汇兑政策。在限制白银兑现后，我们只要能彻底执行无限制依牌价汇兑的政策，滇币的信用是可以确保的。（三）对外将滇币钉在英镑身上，稳定滇币与英镑之间大约20:1的兑换率。”

第三步战略才是“跟单押汇”：1935年，富滇新银行宣布“彻底实行跟单押汇。即在其他银行不能提供高于富滇新行的汇兑牌价时，出口行商必须向富滇新银行办理跟单押汇”。也就是说，包括个旧大锡在内，只要是云南商人，办理出口业务的，必须先向富滇新银行办理跟单押汇，之后还要将外汇如数卖给富滇新银行。

这一外汇管理措施的提出，可谓是在千钧一发之际。此时国内的金融情况已经岌岌可危了。1934年6月美国政府颁布白银收购法案，立即在中国这个用银大国产生影响，被美政府给出的高价吸引，中国白银大量外流，“（1934）7月至10月白银出口总额为2亿700余万元，已几乎达到1933年的总额。”为了避免白银大量流失，1934年10月国民政府开始对白银出口征高税，但结果却是：“中国国内银价与纽约银价差数更大……在中国国内银价大大低于国外银价的情况下，1935年，非法出口的白银总量几乎相当于1934年白银出口的总量。”这种情形对云南人而言如此熟悉，是的，这是富滇银行犯过的错误，富滇新银行这次可以幸免了。

由于“跟单押汇”主要面对出口商，这个产品合理、优惠，对在东南亚从事进出口的华商帮助特别大。由此，富滇在东南亚华商中也建立了威望。抗战时期，有一条著名的滇缅公路。贯通东南亚各国，是战时的大动脉，而修筑初期，由于各国想法不统一，筑路的方案迟迟不能确定。此时，云南方面派出富滇新银行行长缪云台赴缅甸谈判，缅甸方面得到富滇新银行的担保，才确定了路线和修筑计划。可见其影响力之大。

云南省经济委员会

“跟单押汇”成功举办了，而且借此东风，滇币也顺利地与白银脱钩了,锡商们重新成为了富滇新行的客户，法国东方汇理银行没有了“跟单押汇”的生意可做，料想也蹦跶不了了。几乎一切令人烦恼的“问题”都没了。缪云台这一副药的药效可见一斑。

然而，缪云台并不想仅仅开一副解决困难的救命药，他还想开个药方，不仅能治病还要能强身健体。此话怎讲呢？历数云南近代以来的种种悖运，几乎全是由于经济不振导致的。经济不振，促使人们起兵推翻了清政府的统治，但是没有促进经济的良方，本来代表进步力量的起义军政府演化成了军阀政府，军阀政府依赖穷兵黩武和抢夺地盘赢得税收，但战争的巨大消耗又拖垮了运作良好的富滇银行，给本来就希望不多的经济又加了一副“金融危机”的沉重锁链；然而，云南是既积贫积弱，又蕴藏宝藏（矿产资源）的地方，这样一来，强盗们就纷纷“登门拜访”，像法国东方汇理银行这样，旨在巧取豪夺云南资源价值的组织，在云南不在少数。他们的存在，就像寄生虫一样吸干了云南经济的养分，可是他们为何得以生存壮大呢？全因云南自己的经济实力不强，运作能力低下！就像“跟单押汇”的例子一样，只要自己能发展起来，法国东方汇理的相同业务也就只好遁形。总而言之，在缪云台心里，有一个理念——自强、自立，而要实现社会和平、金融稳定的途径只有一个，那就是——发展经济。

另外还有一个有待解决的“大问题”，也促使缪云台不能停下他创意无限的金融智慧。1934 年，当他接掌富滇新银行时，为了不再重蹈富滇银行的覆辙，不让战争之类的巨额财政支出殃及金融和货币体系，缪云台与龙云约法三章，宣布从此财政与金融脱钩。虽说不再担心财政巨额开支遗祸金融体系,但没有了日常财税收入作为存款，银行缺乏资金，也会遭遇困难。当日李培炎行长就是因为短缺资金，龙云才找到缪云台这个有“钱”救命的郎中的。不过顺着云锡资金解救富滇“钱荒”这条思路，缪云台还真是找到了一副强身健体的“良方”……

他想既然云南炼锡公司可以在一个时间段内解救富滇新银行，那么很多个炼锡公司呢？企业的盈利也像财政那样是年年有的，很多企业是不是就可以支撑起整个的富滇新银行和云南金融体系呢？

另外，投资给企业，不像是投资给唐继尧去打天下，或是李培炎去买期货。他们都是投机，今天赢了明天输，是不稳定的。基础不稳定，货币也就不会稳定喽，而企业则是投资。一来，马克思告诉我们，生产过程是可以带来价值增殖的；二来，多方面的企业投资能使风险分散，比如今年大锡好卖，明年即使市场波动，还有棉纱，还有橡胶，还有钢铁，总不至于一败涂地。

更为重要的是缪云台一直相信只有云南工业化、现代化程度进步了、发展了，云南整体经济才能发展；而只有云南的整体经济发展了，银行和金融才有可能做得好！

在思想层面，缪云台一点都不认为云南地处偏远，他认为云南就是东大陆的中心。看看地图，那不是中心是什么？他不是唐继尧，不想做东大陆的主人，他只想云南成为“东大陆”经济和贸易的中心。

成为中心需要很多资金，1934 年，缪云台手里控制了两家云南最大的经济体——云锡与富滇，他发现这一切并不是一大笔资金堆出来的，而是通过巧妙契合多方利益诉求点，以共同的利益结合各种资源，并不需要很多资金也能办成企业。他曾经优雅地说：“应充分利用当地的人力物力来弥补，这样才能使经济得到发展，如果必得有大量资本后才来谈发展经济，那是倒果为因了”。意思就是办企业，如果可以有适当的平台使得当地人力物力集中起来，那么就可以节省下来许多资本。而银行，在他看来不一定是用来造钱的，也可以是一个汇集资源信息，使之发挥作用的平台。

此念一生，随即落实到富滇新银行的经营中去。此后，缪云台的富滇不像是用来经营资金的，而更像是用来“充分利用当地的人力物力”的。

不过，利用银行作为金融平台，仍是有问题的。一来，就算是投资给企业不是“投机”，但也只能说是相对稳健，但仍是有风险的，投资机构应当与金融机构隔离，尤其是，当这家金融机构还是货币发行机构之时。缪云台的这个风险意识，在当时可谓相当超前；二来，既然要搞实业，也希望能够“筑巢引凤”，吸引投资和技术。而这些业务，显然也不适合由一家银行来办理。

于是，缪创意了一家非常现代“范”的“平台公司”，1934 年 12 月“云南省经济委员会”成立，它隶属于富滇新银行，而且缪云台本人就是该委员会的领导人。

为什么说富滇新银行以及它所属的云南省经济委员会是全新的经济理念呢？我们做个比较。同一时期，中国另有一个更加有名的投资实业的组织——中国经济委员会，由于名称完全相同、同样是隶属于政府，又处于同一时期，当然有理由认为云南省经济委员会就是中国经济委员会的云南本地版。对于此，缪云台自己不同意，他坚持说：“二者截然不同”，中国经济委员会隶属于财政部，是拿着财政的钱投资的，是“花钱的”；而云南省经济委员会，横看像政府，纵看像企业……经济委员会若要问富滇新银行贷款，也和别的企业一样办理”。云南省经济委员会不过是多些信息、多些渠道、多些能够化无为有的企业家，简而言之，云南省经济委员会是用来“省钱的”。

实际上，它相当于一个咨询服务机构，用现代语言来说，云南省经济委员会的任务是：整合地方政府、地方银行资金、地方资源以及外来投资和技术，将其整理、包装，促成其运作启动。同时，它又是由政府主创，以政府资金为主要服务对象的，它在项目寻找和选择中将有倾向性地照顾政府利益和意志。

在资金来源方面，初创时期当然有一部分是省财政直接拨付，但大部分资金还是来源于富滇新银行。

比如下表，我们看得到在富滇新银行的所有投资中，云南省经济委员会是最大的对象，数额是位居其二的纺织厂的近四倍。

同时，从下表中我们也能知悉，在其他的一些投资项目中，往往会出现这样的情况：对于一家企业，既有富滇新银行持股，同时富滇又通过斥资云南省经济委员会持股同一家企业。比如后面将要出场的云南纺织厂就是典型的例子。

富滇新银行历年办理工业银行业务投资放款数目一览表

单位：国币元

投资及放款处所	投资数额	放款数额	合计
经济委员会		50,000,000.00	50,000,000.00
云南纺织厂	100,000.00	12,500,000.00	12,600,000.00
五金器具制造厂		335,250.00	335,250.00
电气制铜厂	3,800,000.00	3,150,000.00	6,950,000.00
锡业公司	2,470,000.00	25,000,000.00	27,470,000.00
裕滇纺织厂	1,500,000.00	4,000,000.00	5,500,000.00
海源印刷厂	750,000.00	1,000,000.00	1,750,000.00

资料来源：喻宗泽等编纂《云南行政纪实》，云南省财政厅印刷局1943年印，第十七册“金融·富滇新银行之业务”第23页

蒋介石视察云南

龙云陪同蒋介石视察云南

其实，缪云台主张成立云南省经济委员会，而龙云政府又积极响应，还有经济之外的另一个原因：

1934年时，南京政府不间断地在对法币制度进行论证，开始对上海私有银行实施兼并，这足以令云南感到不安。富滇新行和龙云政府越来越感觉到自主发行滇币的日子将不多了，1934年至1937年，“仅仅凭借发行新政府债券，迫使私有的中国银行和交通银行接受这些债券充当资本，孔祥熙一举使政府成为两家中国最大银行的大股东。采用相同的策略，孔祥熙迅速控制了几家规模较小的私人金融机构。”

出于统一币制的需要，出于财政收入的需要，总有一天这个独立而又富有的富滇新银行会变成孔祥熙的下一个猎物。

如何避免呢——将资产转移。于是，1934年3月，“省府拨款60万元”作为省经济委员会的经费。南京政府法币政策出台前一个月，拨给省经济委员会的经费突然增加了，当月“省政府共计拨入国币2 898 900元”。此后富滇新银行不断对省经济委员会投资，这样银行账面上的资产就少了。银行的账面盈余变成了机器、厂房等固定资产，谁也奈何不了。

由此可见，我们的主人公缪云台，在经济金融头脑之外，还有一颗敏锐的政治心脏。1935年，陈布雷访问云南，他在当时的日记中写下了这样的语句：“缪嘉铭在思想上和言词上都是出类拔萃的”。

缪云台以云南省经济委员会为平台，执资源禀赋之右手，寻资金、技术、人才、政策之左手，通过此种融合之道，在资金并不富裕的情况下创建的企业竟达55家之多。云南省经济委员会的企业群基本上奠定了云南工业体系。这个工业体系不仅是云南现代经济的发端，有些企业至今仍是云南经济的顶梁柱。

（云南省经济委员会的企业一览表附后）

想象力绘制的“云纺”版图

云南省经济委员会，究竟如何运作，没有具体的实例，不足以说明。

假如说“云锡”多半还是有赖于资源禀赋，而且古已有之，并不是缪云台，或者经济委员会“创生”的，缪云台和经委会为云锡做的，是“改革”“改制”而不是从无到有的“创建”。那么，我们来看看云纺的故事，它将很好地注解金融梦想家是如何将梦想照进现实的。

（一）引子

现代人会认同，工商业巨子都是天生的梦想家，和普通的梦想家不同的是，他们知道该如何将“梦境”变成“现实”，仔细端详那些“梦”会发现，它们“大胆”但决不缥缈，它们是“供给”“需求”和现实条件的结合体，实业梦想家们的才能就是做“现实”的梦，再用想象力和创造力将其实现。有时候，戏剧情节般的“逆袭”机会就藏在乌云压城的“危机”之下，能不能看得到，就是实业天才和普通梦想家的区别了。

缪公与云纺的故事有一段长长的前传，不说这个引子，就看不出这是个“逆袭”的故事，显不出这个梦想家的过人之处，再说，哪有比这样的故事更加快意恩仇的呢？

故事的开始还是首任行长李培炎，1932 年—1933 年他盈利心切，将富滇新行的资产投入了在上海的炒汇和鸦片期货的业务中去。那时是 30 年代，冒险家的乐园——上海的各项冒险正方兴未艾，富滇的李培炎自诩聪明地赶了个时髦，结果我们前面已经知道了。

身处于现代的我们对这样的金融事件一点也不陌生，投机家们为了博取超额利润，将所有身家投入某个“暴涨”的品种，结果一夜之间输得纤毫不剩。李行长的故事只是

永安公司

解放前的永安公司

解放前的永安公司

郭乐、郭顺的住宅

众多这样的故事中比较平淡无奇的一个罢了。

富滇新银行空头卖出的汇票，它们能赚钱的前题是汇价持续上涨，但汇价不可能永远上涨，一旦汇价下跌，高位卖出的汇票就变成了富滇新行的亏损，而富滇新银行少得可怜的资产是否有能力补上所有亏损呢？而当富滇新银行没有能力兑现这些汇票，当初购入汇票的人就成了苦主。当年富滇的这场金融风波，受害者不少，其中有的还相当著名，而且将是这一个故事的主角！

那就是上海永安公司的总经理郭顺、郭乐两兄弟。他们可是中国近代鼎鼎大名的资本家。除了声名远扬的永安百货公司，他们还有国内纺织业巨头——申新纺织厂。因为永安纺织厂的产品大量销往云南，本来也有这个需要，所以 1932 年李培炎以低价大发汇票时，他们购进很多，最后却落得无法兑现。虽然后来缪云台偿付了部分汇票，损失挽回了一些，但是郭家兄弟对富滇新银行还是心有余悸，对富滇新银行很没有好感。

（二）逆袭

1934 年，缪云台到上海公干，郭氏兄弟听说富滇的新行长来了，积累了快两年的怨气没处释放，决心要羞辱这个行长一番。他们假意请缪云台吃饭，其实是报仇雪恨来了。

缪云台知道这是一出“鸿门宴”，一般人就推脱了，不去就是了。责任并不在他，何苦要去背这样的黑锅呢？但缪云台不这么想，他会觉得在任何情形下，和这两个著

郭乐

名的实业家有联系是好的，是蕴含机会的。

席间，郭家兄弟指责云南人不讲信用：1932 年的汇票 15 天变 30 天，30 天变 3 个月，结果呢，一年多以后才兑现。到兑现时候，汇价早已大相径庭了。致使公司损失巨大，如此种种……

缪云台借着酒劲说道：你们以为亏折，但你们想过没有，当时富滇新银行发了那么多汇票，汇价大跌，根本没办法兑付。按着私营银行的做法，完全可以倒闭，老板跑路了事。你们的钱一分都拿不回来，就算是向你们认罪认错，又有什么意义呢？

还好，我们富滇是省政府担保的。出事以后，换了我这个企业负责人来当行长，这才做到在一年后还上你们的钱。你们知道吗？当年我可是用炼锡的钱贴补的这家银行呢。你们都是一流的企业家，你们的企业在国内是数一数二的，但是请问你们的企业撑得起一家银行的债务吗？

永安纺织厂胸牌

云南的企业之所以能够以一己之力托起一家濒临倒闭的银行，那都是因为云南矿产资源

郭氏家族

丰富，劳动力、土地、原料、电力等都很便宜，市场又大，又没有竞争者。你们与云南银行做生意，应该是相当幸运呢。虽说遇到点风险，但毕竟是偿还了，如今上海滩上还不出钱跑路的银行家，只怕是天天有，像我们这样“诚信”的，怕是绝无仅有。

一席话下来，倒把郭氏兄弟给说得无言以对了。其实缪行长也不是为了争强好胜，颜面好看！他知道，对于像郭氏这样的实业家、生意人，赔礼道歉或是大吵大闹都是没有用的，既不能让郭氏一笑泯恩仇，也不能为云南人争取到任何利益。但是有一样东西，一定可以让他们不计前嫌，化敌为友——那就是新的机会，唯有更诱人的商业机会才能令郭家兄弟这样的商人，摒弃前嫌，继续合作。

而且对于缪云台来说，“恩仇”之类是无关紧要的，一个工商业巨头的合作伙伴，才是缪行长想要的。

结果郭氏兄弟果然将恩恩怨怨抛在脑后，开始不能自拔地渴望了解这样一块投资热土——那里资源、土地、劳动力都比较廉价；那里生长出的企业竟然足以帮银行还钱。郭氏自己企业的产品就销往云南，他们对云南市场也是有所了解的，知道缪云台此言不虚。

很快，他们非常友好地请求缪云台带着郭家侄子郭棣活先生到昆明考察。考察之后，更是觉得前景的确可观，于是，很快他们主动邀请缪云台来上海，商谈投资建厂事宜，郭家的兴趣点自然是自家老本行——纺织业。笼统地说，就是旨在利用云南的资金、原料和人力成本优势，并看好云南辐射西南和东南亚的潜力。

永安公司里的纺织品柜台

郭棣活先生甚至带着缪云台在上海四处选购设备，还帮他与设备供应商讲价。最后永安和富滇达成协议，永安出资三成，其余由富滇和旗下的云南省经济委员会共同出资七成，筹建云南纺织厂。

是的，这就是今天昆明人口中的“云纺”了。解放后，缪老回国后专门去广州看望了郭棣活先生。两位世纪老人见面，郭老拉着缪老的手，不断念叨当初他帮云南人买的机器是国内不曾有过的最低价。而80多岁的缪云台，竟然也清楚地记得：当时通过郭棣活先生订购了两组纺纱机和60台织布机，共花了227300元整……分毫不差。其中，有唏嘘，更有自豪。缪云台和郭棣活这两位惺惺相惜的天

滇越铁路

才实业家，他们的友谊持续了半个世纪。

买了机器，郭棣活还是不放心，于是又亲自来到昆明，帮着建厂房、培训员工、帮着打通采购原料的渠道。他还派了当时上海永安纱厂的总工程师朱健飞到昆明帮助创建云纺。这位朱工程师此后就在昆明安了家，为云南的纺织事业做出了巨大贡献。

永安的加入，还有一层深意比他们资金更重要，就是他们带来了关键技术和技术人才。云南省经济委员会和富滇新银行出资其余的七成，则是代表着地方金融业开始着眼于投资工商实业。就这样，云南历史上第一个纺织工业基地建成——云纺。

经过金融家的天才运作，一场“鸿门宴”结局成了“大团圆”。这个故事也许告诉我们——千万别试图讽刺打击一个金融家，不知道最后是谁掉进金融家们温柔的陷阱里？

（三）筹资

以上只是故事的一半，叫作“逆袭”，也可以叫作“如何说服郭氏兄弟”，而另一半则应该是“如何说服龙云”，或者“筹资”。因为郭家出三成，而如何为另外的七成找到出路，就需要说服政府，这也是特别关键的一步。

1934 年 12 月，省政府第 405 次会议提出议案，筹措经费迅速完成纺织、织布等五厂。议案中指出：“查本府前议决成立水电、水泥、五金、纺纱、织布五工厂，历经计划，次第进行，兹查水电厂工程浩大，为筹设便利，应改设火电厂，连同其他各厂均应照案及早成立，仍由缪厅长负完全责任。水泥厂尤关重要，自此议决起，应赶速于一年内完成，其他各厂限十个月内完成。至各厂经费三分之二由省库支拨，除已拨国币六十万元外，其余由盐税余款项下陆续支拨三分之一，由富滇新银行支出作为投资或借款，由行斟酌办理……”但如果五个工厂同时筹建，势必分散资金。于是，缪云台回复暂缓水泥厂的建设，将资金集中于纺织厂。他回复道：“嘉铭于钧座建立五厂之令，自应准照办理，惟先后缓急之间不得不酌情变通者，遵查议决案规定先行完成水泥厂等，因查本省水泥入口统计每年由越南输入平均值国币五六万元，为数本不甚多，因拟建四万启罗瓦特之水力发电厂于富民螳螂川下游，需用水泥数千吨，海防水泥售价，每桶越币五元余，因滇越铁路

云南纺织厂

运费较贵，昆明售价越币十四五元，以其贵价购入越南水泥，不如设厂自制。初期出品专供水力发电厂之用，如制造成本能在每桶五元左右，亦可刺激民间使用，用作平时营建，进而备作交通建设、国防工程之需。故在彼时，水泥厂实有提前建立之必要，继因螳螂川水力发电厂工程浩大，初期设备国币一千二百余万元，现时经济力量尚难负担，且工程建设贵在平均发展，竭现有资金办一水力发电厂，而无余力顾及其他工业，虽有价廉而量多之电力，亦不能加以利用，近于畸形发展。钧座已见，及此故有改设火电厂之议，议水电厂即以停办，则水泥厂之时间性及重要性即已减低……权其轻重缓急远不如纱布之甚……目前可筹集之资金仅有此数，势难兼顾，拟请提前举办纺纱、织布、电力三厂。将水泥厂列入下期举办事业……嘉铭亦尝考虑，认为本厂规模小，而机器则甚精良，较之沪汉大厂并无逊色，且尚有稍前进之处……至于制造成本，因滇越铁路运棉之费低于运纱，越南过境税亦属棉低于纱，纱低于布，云南工资低廉，制造管理各费均较外埠减少，将来出品当不致为外来纱布所压倒……待本产棉花增植完成，提倡植棉之根本计划，似觉尚非困难。且就工业之发展程序而言，无论如何，努力前进必须经过一定之阶段……在棉花缺乏之地，设立小厂运棉纺纱，以工业立场而言，虽为冒险，在政府整个经济计划之下，实有不得不如此者。”

通过这个系统的投资分析，可以令出资方明了市场形势，投资利弊，从而更冷静地考虑投资方向和方式，有效地避免投资失误。从中我们也看到缪云台之所以“忽悠”郭氏兄弟来滇投资，并非是凭空闪现的灵感，而是切切实实的战略计划，也唯有这样的梦想才能成真；同时，有了这样的分析，省政府也才愿意将人力、物力和资金集中运用于纺织厂的建设上。

这一步棋，没有更多的戏剧意味，它是金融科学理性的一面。金融家并不是光凭头脑聪明，伶牙俐齿就可以成就事业的。在这个报告里，我们看到了缪云台理性、冷静的个性，懂得权衡利弊、抓大放小，并能够有的放矢、有条不紊地陈述给政府的职业素养。

值得回味的是，可以感觉到缪云台面对郭家兄弟和面对省政府幕僚时，说的是不同的话，是不一样的角度。大约这也是一种才能，一种修为吧。

不妨这样想，读历史最有趣味的时刻，绝不是知晓了事情的来龙去脉，因果关系，将一切都视作必然。当你设想你处于同样的历史时刻，面临相同的困境、压力、诱惑或是愤怒，你像历史人物一样绝地反击，或是心碎崩溃，或是奇思妙想到一万种结局，一千种对策。这是绝妙的瞬间，不是吗？

（四）股份

云南纺织厂是云南纺织业使用机器生产的开端。该厂筹建于 1935 年 2 月，开始时资金为 20 万国币，上海永安纱厂投资 10 万元，富行投资 10 万元，其余厂房、土地等也由云南方面投资，故占股比例是 3:7。

1937 年 8 月 1 日建成投产，拥有美制 5,200 锭纺纱机和英制 60 台布机，厂址在昆明南郊玉皇阁北面。1937 年投产时是一班制，职工仅 300 余人，仅仅第二年后，因为产品供不应求，改为三班制，职工随即达到千余人。到 1938 年时，仅仅投产不足 3 年的云南纺织厂奇迹般地已经收回了成本，开始盈利。

到 1942 年时，为了扩大生产规模，中国银行和交通银行的资金也被吸纳进来。但是，无论发展需要多少资金，缪云台都坚持由云南人控股。云南纺织厂曾经三次增资扩股，但控股比例分别是云南省经济委员会、中国银行、交通银行保持在 5:3:2，云南省经济委员会持有最多股份。

千万不要小看这个持股比例，这意味着缪云台经由经济委员会握有这家企业的绝对控制权，就算中国银行和交通银行联手，也不会大于经济委员会的持股数。这就意味着企业的决定权绝不会外泄，一定是掌握在云南人手中。这条不成文的原则从云南纺织厂开始，此后，几乎所有云南省经济委员会投资的企业，都必须按这个规矩来。

（五）棉纱厂——裕滇

1938 年时，中国银行和交通银行提出再次扩大对云南纺织厂的投资。一向欢迎投资的缪云台，这一次却意外地拒绝了中、交两行追加投资的意愿。因为随着抗战内迁的人口大量增加，以及战争对纺织品的大量消耗（军装、鞋袜等），云南纺织厂的经营状况越来越好。

缪云台另有打算，原来，云南纺织厂是棉纱厂，通俗地讲，就是既有棉纱生产线，又有棉布生产线。原棉供应源主要是由永安公司负责，永安是上海的企业，自然是从上海进货。1934年时因为有滇越铁路，原棉或是棉纱经海上、再经铁路运抵昆明并不困难，成本也不高。而抗战打响，滇越铁路渐渐不能满足运输，而且随着战事发展，滇越铁路随时都有停运的危险。

这时，既然有人愿意投资，缪云台就设想可以再多拥有一条棉纱生产线（只生产棉纱），既然中国和交通两家银行看好云南纺织业的前景，愿意投资，而它们也完全有能力帮助云南引进棉纱生产线和生产技术。在缪云台看来就要抓住这个机会。而如果有了大规模的棉纱厂，非但棉纺所需棉纱不必完全依赖外供，可以自己解决一部分。而且，利用棉纱厂缪云台又可以酝酿新的金融计划，我们暂时不讲，以后再见分晓。

果然，中、交两行采纳了在云纺之外新建另一纺织厂的建议。1938年省经济委员会就与中国、交通两行合办两万纱锭的裕滇纺织公司。通过这个公司，缪与宋子文、钱新之正式开始合作，虽然在此前，这三个中国最著名的银行家私交颇深，但携手合作这是第一次，这也是中国金融史上一个值得纪念的瞬间。

“裕滇”在抗战初积极筹备，很快就能投入生产了。资金分配比例为3:3:4，即中国银行占三成，交通银行占三成，省经济委员会占四成。而因为当时的省经济委员会自身无资金，经委会下属企业——云纺也只是刚刚开始盈利，拿不出更多资金，投资裕滇的资金全由富滇新银行贷款。这笔生意显然是划算的，因为棉纺业资金周转周期短，销路又容易解决，在接下来的几年内，尤其是1939年以后富滇新银行不再是货币发行银行，那时富滇新银行的头寸反而要依靠云纺和裕滇两厂。

1937年~1947年云纺、裕滇两厂产量表

年度	云南纺织厂		裕滇纺织厂
	纱	布	纱
1937	34,592	3,691	
1938	180,631	23,400	
1939	287,627	42,368	
1940	234,269	37,670	50,800
1941	183,265	25,124	193,306
1942	181,218	34,089	251,131.25
1943	183,976	30,736	400,346.25
1944	151,379	29,627	404,298.74
1945	123,536	34,929	302,350
1946	262,688	44,675	671,624
1947	307,600	52,897	859,818
合计	2,130,281	363,810	3,133,674

资料来源：《云南企业月刊》第一卷第一期、第四期，转引自《云南地方官僚资本简史》，第128页。

此后裕滇又经历了两次增资扩股。“1938年建厂时决定投入资金600万元，由于通货膨胀，物价上涨，1939年11月增加为1200万元，1942年4月又增加为2000万元，1946年再增加为2亿元，7月再增加为4亿元。”缪云台每逢增资扩股都要坚持三个投资方都按相同的比例投入资金，而且规定云纺和裕滇每天的收入都按 3:3:4 的比例分开，分别存入这三家银行，每天如此，不许有例外，非常强势。

（六）个性总裁和他的个性员工

云纺、裕滇两厂工人的福利也非常好，云纺是云南第一个有工伤保险和医疗保障的企业。

缪云台常常组织两厂的工人聚餐，希望两个厂的工人像一家人。缪云台自己比较好酒，经常喝醉，与工人们打成一片，两厂的工人都很喜欢他。

不仅工人有归属感，缪云台的技术人员也是“赶不走”的。云纺建成时，技术支持全部来自郭氏的永安，总工程师朱健飞参加筹备与管理，并负责纺织技术。

朱健飞是上海人，1939 年郭氏兄弟因战争原因要退股，并让朱健飞返回，但此时的朱健飞已经离不开自己一砖一瓦建起来的云纺。永安退股后，朱却留了下来，任云纺的副厂长。后来朱健飞成了杨杰将军的侄女婿，解放前杨杰将军为躲避特务暗杀，秘密离开昆明奔赴香港，整个过程都是由朱健飞安排的。

另一个有名的技术大将是金龙章，1935 年，在购买纺织机械的时候，缪在上海西门子公司遇到了电机技术员——金龙章。金龙章是云南永仁人，清华毕业，留美学生，当时难得有云南籍人士是这方面的技术人才，缪云台当然就看中他了。然而，在西门子工作的金龙章起初并不想回落后的云南工作，缪云台不惜多次登门拜访，甚至找到金的父母族人，请他们说服金龙章回滇工作。为了请这个年轻人回来，他给出的薪水是国币 200 元月薪，200 元在 20 世纪 30 年代的云南，堪称天文数字。

朱健飞和金龙章，此后一直奋战在云南的纺织行业，解放前，这两个被缪云台“忽悠”来的技术人员，成了云南民盟的重要成员。1943 年 5 月，中国民主同盟的第一个地方组织昆明支部正式成立。民盟昆明支部认真贯彻执行中共中央南方局的指示,积极吸收爱国民主教授、自由职业者入盟，使其在昆明支部中占主导地位。朱健飞和金龙章是第一批加入的秘密盟员，在他们之后龙云也秘密加入了民盟。朱健飞和金龙章是民盟的重要成员，为云南的和平解放做出了重要贡献，1948 年沈醉亲自拟定了在云南必须逮捕的黑名单，一共 400 人，其中就包括朱健飞。

裕滇的技术问题由中国银行负责解决，先由中行昆明分行经理王正芳兼经理，后由吴百祥 (中行副理) 继任。工厂建成之后缪云台派朱健飞执掌裕滇，任裕滇的总经理。

1949 年，解放前夕，金龙章随缪云台到了香港，朱健飞则一直留在他亲手建起来的云纺。

（七）搞怪的理财家

缪云台去世的时候，程思远曾写文纪念他，程先生给缪云台一个奇怪的称谓，既不是金融家，也不是实业家，他称缪云台为理财家。何为理财家呢？大概是巧妙腾挪，将有限的财富发挥更大作用的人。理财家如何理财呢？且看下面这个精彩的桥段。

1938年，云纺、昆纺以及为两厂服务的供电厂一起建成开工，蔚然可观。为什么会有三家厂一起开工呢？大家很容易想到，电厂供电，纱厂纺纱，织布厂织布，省经济委员会甚至有自己的物流公司——省经济委员会运输队。所以，貌似富滇想要做到整个产业链无缝链接，太完美了！

就在这个大家都叫好的当口，那个总是充满古怪念头的银行家缪云台，却觉得不满意，他总觉得有哪儿不太对劲。

据缪云台的秘书后来回忆，计划中的产业链条眼看就要建成。可缪行长却没有去享受掌声和赞美，他把自己关在办公室里整整两天，两天后，他叫秘书进去。只见他蓬头垢面，办公室里满地都是纸屑，缪云台对着秘书嘿嘿一笑，说："用进口的棉纱比用昆纺的还节省两分钱啊！"

秘书的第一反应是行长大概病了，因为这事无论谁听着都觉得不思议。行长这算的哪门子算术呢？自己有建成的纺纱厂，产品不供给自家织布厂，织布厂偏要用进口的棉纱，还说这样会更省钱。不用演算，用脚趾头想想都知道这是不可能的。

但是缪行长执意要用进口棉纱，于是他亲手拆散了刚刚建立起来的产业链。纺纱厂用云南自产的棉花纺纱，织布厂用进口棉纱织布。直到一年以后，人们才明白缪行长的打算：织布厂用进口棉纱，生产比较高端的棉布制成品，供应城市，并且外销，结果是1940年以后，四川的棉布市场也几乎被云南棉布垄断；而纺纱厂，用本地生产的棉花纺纱，制成质量稍次的棉纱，供给本地的小织布工厂、小织布作坊，目的是扶持小织布厂和小棉纺作坊，增加就业和扩大产业的影响幅度。

但是20世纪以前，云南少有种棉花的传统，由此也很少有织布作坊，这不要紧，富滇新银行发明了一种新业务——以纱易棉，银行可以用棉纱交换农民的棉花，一方面当时通货膨胀严重，用现钱收购棉花，农民也许并不稀罕，积极性不一定大，对银行来说风险也不小；另一方面，农民换得了棉纱以后，必须纺成棉布才能出售，而这时富滇新银行还可以提供贷款给农户购置简易的织布机。这样就极大地鼓励了农户开办小型的织布作坊，既解决了农村就业，又让农户的生产经营多样化了。反过来，农民觉得这条路走得通，有利可图，种植棉花的热情也高了；再则，抗战期间涌入云南的人口多，布匹的需求量大，小作坊的土布价格低廉，云纺的精纺布则是较高端的产品，互相不冲突，还满足了不同市场的需要。

富滇新银行负责办理惠农贷款的“合作金库”不仅给曲靖、玉溪、昆明周边的农民贷款，甚至还帮助他们购买棉种，教他们种棉花，并由纺纱厂来承诺收购农民收获的棉花（换纱），并教授简易的织布技术。

如此通盘算下来，每一匹布会比全产业链生产节约两分钱。他没有把对农民、城市小生产者的激励引导作用算进去，不然的话，应该不止两分钱吧！

此后，云纺、裕滇两厂有了分工。裕滇主要生产纺纱，设计生产的棉纱以 10 支、20 支为主。云纺的产品则是以 11 磅的细平布为主。棉纱原来计划是供给云纺的，但“以纱易棉”后，棉纱大多用来换取棉花，其余的才配售给昆明纱业工会，供给纺织户。棉布则在当时主要是供军需，其余的配售给布业工会在市场销售。

如此这般，随着云纺、裕滇两厂产销两旺，缪云台还通过棉纱生意建立起了与缅甸华商的联系。1938 年缪访问缅甸，他此行的目的本来是与缅甸政府协商滇缅公路修筑的线路、工期及两国合作等问题。谈正事之余，缪云台当然忘不了谈生意，在瓦城，他与茂恒商号经理王振宇签订协议，由富行供给资金托茂恒代购棉花和棉纱。在华侨商帮中缪选择茂恒合作，不仅是因为茂恒是缅甸最大的华商，更因为茂恒在香港有分支机构——瑞成公司，所以向茂恒购买棉花、棉纱，云纺和裕滇的产品就有可能通过瑞成公司销往香港及海外。走一步，看三步，这是典型的缪式生意经。

据统计，“到抗战后期，云南全省的纱锭由战前的 0.52 万锭增至 4.8 万余锭；机制棉纱由年产 0.3 万余件增至 3.3 万余件；棉布由年产 3.6 万匹增至 37 万匹”。在两厂蓬勃发展的同时，一些民族资本家也加入纺织行业，1942

年年底，由民族资本家王少岩开办了小型的云茂纱厂，有2000纱锭。此外，一些小资本家个人或合股建立的小织布厂约有几十家，较大的有明德织布厂、大丰织布厂等数家。当时昆明拥有的纺织纱锭位居中国西部地区第三位，占全国产量的11%。到了抗战结束后，据1947年的统计数据，昆明的纱业共有商户115家，全然想象不到战前这个产业在云南几近为零。

由于经营得法，甚至到了抗战胜利以后，大批内迁人员离开云南，云纺和裕滇两厂仍能保持盈利。由于解放战争的原因，江浙一带与西南地区的交通阻隔，西南地区的纺织品市场反而出现一种供不应求的状况，当时昆明的云纺和裕滇两厂产品销路极好，“这两个厂，不仅要供应本省，而且要供应西南各省，在战后头三年内业务发展最快”。

云纺和裕滇两厂运作顺畅以后，缪云台和云南省经济委员会又开始向左向右进行相关行业发展。两厂创建之初就建成供电厂，供电厂后来与耀龙电力合并，开创了云南电力企业的先河。还创办了裕云机器厂和昆明机械纺织工业，从而解决了纺织机械的供应问题，同时也是云南纺织机械工业的先声。

每个人都是自己经验的俘虏，历史总是被每个阅读者不断重新诠释的，完全真实的历史也许不存在。尤其是当你出生时，辉煌的时代已经过去，你获得了新的观察视角，于是可能被一厢情愿的抽象认识左右。比如说，云南是边疆，偏远落后，经济发展滞后，GDP倒数排名。总是听到这样的评价，当你读其历史，你就会为其安上一个合乎情理的发育不良的成长史，并且固执地坚信不疑。因此历史是被一代又一代人不断重新诠释的自我经验。然而，偶尔人们又需要经验之外的历史，大概可以用于眺望未来。比如：云南曾是中国纺织业基地。这样的表述闪烁着经验之外，不可思议的光芒，令人为之一振。

从云纺开始的云南省经济委员会在1938年到1948年的十年中，通过金融促进产业经济的巧妙运作。不仅增加了对战略原材料的供应，而且还改善了处于大后方的云南地区轻工业产品的供应，其中突出的是纺织业。战前云南每年要支付1000余万元的外汇购进洋纱、洋布。但云南纺织厂和裕滇纺织厂建成后，其产品80%供应本省需要，还有20%销往川、黔两省。

法国哲学家亨利·柏格森说：“有人说社会的进步是由于历史某个时期的社会思想条件自然而然发生的，这简直是无稽之谈。它实际只是在这个社会已经下定决心进行实验之后才一蹴而就的。这就是说，这个社会必须要自信，或无论怎样要允许自己受到震撼，而这种震撼始终是由某个人来赋予的。”传奇人物和传奇机构的出现其实是这个社会信心的体现，从云纺和裕滇的传奇中，是不是验证了这一观点呢？

战火中的银行家

（一）战火中的富滇银行

20 世纪 40 年代，抗日战争的大规模爆发，影响了那个时代所有的人和事，富滇新银行当然也不能幸免。但抗战给云南带来的既是巨大的威胁，也是机遇。因为抗战而内迁到云南大批的人才、物资和资金，数量之多，级别之高是战前难以想象的。

这个时候，缪云台为富滇制定了令人惊讶的方针。

1938 年宣布，1939 年以后就不再发行货币（“至二十八年本省之外汇管理及白银管理已交中央机关负责办理，而新行之发行遂停”）；到 1939 年时干脆就不再从事商业银行业务（“富滇新银行亦把商业银行业务完全停止”）。这样，到 1939 年时，富滇新银行既不是货币发行银行，又不是商业银行。

第一条“不再发行货币”，既是形势所迫又是大义所趋。实际上，不发行货币是富滇非常不情愿的。我们知道，抗战以前，富滇新银行是云南唯一的货币发行银行，银币和其他纸币受到限制。1934 年缪云台上台后，一番励精图治，使一直与富滇较量的法国东方汇理银行不再独占大锡跟单押汇、国税汇兑生意。到了抗战前，法国银行实际上已经无力再争高下。这样，富滇新银行成为云南金融的主导力量。只需历数其势力范围就可知道它的厉害：

新滇币由其发行；新滇币与外汇的牌价由其掌握；同时富滇还是许多重要企业的最大股东。这样的金融形势是缪云台一手打造的，它良性、有序，如果按预期顺利发展下去，必能做强做大。

拍摄时间：民国卅二年（1943年3月）
拍摄地点：中国昆明
拍摄者：不详（昆明近郊的安宁温泉宾馆。戈叔亚注）
来源：昆明二战研究专家戈叔亚提供（史迪威将军外孙约翰伊·斯特布鲁克）

到了1935年，南京国民政府开始推行法币政策，但那时缪云台已经成为一个“武艺高强”的金融大师，他不打算停止滇币发行，而是运用高超的金融造诣让法币在云南“隐形”。这是一个精彩的金融桥段，体现了缪云台个人出神入化的金融天才。

南京国民政府于1935年11月宣布推行法币政策。何谓法币呢？就是南京国民政府的法定货币。宣布以中央、中国、交通银行发行的货币为法币，法币以外，不得行使现金；现存市场上的一切货币还可照常行使，但各发行机构以1935年11月为限，此后不得增发。

1935年12月，限期过去一个月后富滇新银行代省政府拟电文致函财政部，称云南推行法币有难度。电文是这样的："惟三行（中、中、交）法币，本省鲜有存者，自民元以来，迤东迤西各县，习用现金，迤南及附省各县则用本省之富滇银行纸币，大约市面现金不下四千万元，约值法币二千万元，富滇新纸币二千余万元，约值法币一千八百万元；应请速发法币二千万元来滇换取银币，俾公私一切款项，可以法币收付……若富滇新纸币，急切不能收回，则将来连同省市面流通之镍币二千余万元，一并作为法币之辅币。"

此则电文的重点是后半部分，就是希望国民政府同意以新滇币作为法币的辅币，一同流通。云南的筹码有两个：第一，1935年执行法币政策时，云南尚没有中、中、交三家法定银行的分部，要推行法币必须要经过富滇新银行，既然如此，总不能"停了我自家的生意，专做别人的营生"吧？第二，在云南流通的既有现金银币，又有富滇新银行纸币，而新滇币自1934年已经脱离白银发行，若是国民政府执意要力推法币，要以法币兑换滇币和银币，他们实际上不可能得到银币，至多可以得到一堆富滇新行超发的纸币。所以，富滇新银行与中央银行的讨价还价，还是有胜算之把握的。

据原富滇新银行上海分行行长张庸僧回忆：“法币政策公布以后，有一天下午缪嘉铭匆匆来到上海，缪对我说不相干的人不要说我来了……缪此行是为了要与宋子文作幕后洽谈，缪与宋疏通现已有初步办法，大致还要有两次往返，方能有结果。”果然，1935 年年底“中央同意新富行纸币以 2 比 1 作为法币辅币继续流通行使”。

那么法币一元换新滇币两元，究竟划不划算呢？

新滇币与法币的法定比价 2:1，这是缪云台自己定的，这个比价本来就比当时市价要低一些。当时缪云台找宋子文谈判回来，就有人指责他把滇币定得太廉价了。据张庸僧回忆，1935 年年底“缪氏风尘仆仆于宁沪路上，经过疏通后达成妥协，规定比率为新滇币二元作法币一元，当时滇申汇兑是在等于新币一元八左右，故当时舆论是说缪把价格作低了，损失了”。

其实这并不是损失，而是缪云台的一个计谋。我们来看看新滇币和法币的价格到底是怎样的。

富滇新银行早在 1935 年 1 月就已经完成了新滇币改制，改制以后的新滇币不能兑现新币；同时对外将滇币钉在英镑身上，稳定滇币与英镑之间大约 20:1 的兑换率。同期，法币对英镑的牌价则是，1 元法币兑换 30 便士，一个是 1 块换 20 块，一个是 1 块换 30 块，所以，如果按英镑平价，新滇币兑法币应该是 1.5:1。但是明明滇币和法币都已经脱离了银本位，但国民政府还是糊里糊涂地按照新滇币发行时与白银的兑换价把法币与新滇币兑换价定成了 2:1。这样滇币就被低估了，要知道，市场将会永远会追捧那些被低估的货币而绝不是高价货币。于是，明智的商人会这样做：偷运银币赴滇，用银币兑换富滇新币，富滇新行就把白银存起来。

那么人们不愿意用滇币换法币，他们会怎么办呢？考虑到 1934 年时新滇币已经限制兑换成银币了，1935 年时滇币是不可能换成白银流出云南的。这时，又不会有人愿意用滇币兑换成法币，于是，这些出不去的资本就变成流入云南的资本，变成了富滇新银行的存款（“1934 年底，该行定、活期存款总额达新滇币 4,800 万余元，为 1933 年 300 余万元的 15 倍……1939 年 6 月，存款总额达 13,400 万元，又是 1934 年的两倍”）。这些存款再经由富滇银行的投资机构——云南省经济委员会，变成投资资金，变成了云南的工厂、医院、学校、道路，最终化为云南的 GDP。恰好，1938 年抗日战争的步步紧逼，也驱使了大量的资金、人才涌向云南。

更好的是，作为法币的合法辅币，富滇新银行是可以按照需要发行新滇币的。“民国二十五年（1936）4 月，乘中央尚未来滇设行，云南私下地增发滇钞 2,500 万元，抢先收兑民间白银、银币所值折合半开银币 450 余万元。民国三十年（1941），云南又暗中突击发行新滇币 62,500 万元，占该行发行总额 81,014.3 万元的 77.1%。”

于是，在云南执行法币政策，并允许新滇币作为辅币的结果是这样的：“1935~1939 年，富滇新银行的外汇余额有英镑 1,163,556 镑；美元 4,340,569 元；港币 244,998 元。掌握如此多的外汇，这在云南近代金融史上是空前的。”

1938 年，全国性的抗战爆发了，这个时候用不用法币，就不再是一个经济金融问题了，而是决定了是否能够全国一盘棋，同仇敌忾的问题了。这个时候，缪云台却不再坚持顺风顺水的新滇币发行了。他主动宣布放弃运转良好的滇币，云南全境无条件使用法币，以确保云南作为“大后方”的稳定。

第二条改变是将富滇新银行变成——不代理商业银行业务的银行。

缪云台在 1939 年时，为富滇新行制定了新形势下的发展方向——“富滇新银行亦把商业银行业务完全停止”。如果说为了抗战的大局，放弃发行货币，虽然有悖商业法则，怎么说也是可以理解的举动。但不做商业银行了，这就让人着实有些不明就里了。

商业银行业务大致包括两个方面——汇兑业务和普通放贷业务。富滇新银行曾经非常重视这两项业务，富滇新行成立之初，为了能够从法国东方汇理银行手中争夺汇兑业务，云南省政府曾经甘愿冒着滇越铁路被法方停运的危险，勉力坚持下来。此时，为什么要放弃呢？

缪云台绝不是任意妄为的，这是他深思熟虑后弃卒保车的选择，他曾说："纵然长期建设的计划一时难以贯彻执行，但绝不投资和贷款于牟利的短期利润的任何商业投机事业，更绝不参与发国难财的投机买卖。"也许是李培炎行长的教训使然，更多可能是缪公自己对投机事业的认识——他做金融大半辈子，从不涉足这个领域。

然而，那个时候全国的金融环境非常危险，不投机的商业银行业务几无出路。1937 年 11 月，"国民政府已经知道全面战争不可避免，将中、中、交、农四行联合办事处迁往汉口，此后改称'四联总处'，并决定今后全国法币的总供应量牢牢掌握在政府手中的'四联总处'。因为此前，国民政府的税制改革并不成功，抗战爆发时，南京政府的大部分财政收入还要依靠发行公债，与此相对，国民政府在金融上的垄断却已然形成，1937 年时，南京国民政府已经掌握全国银行总资产的 70%"。这样的形势下，要为战争筹资几乎只有通货膨胀这一条路可走，而四联总处的成立，以及将由其全权决定全国货币供给量，几乎就是说明"南京国民政府财政部决定了增发纸币的总方针"。通货膨胀几乎无可避免，"1935 年 11 月至 1937 年 7 月间，全国物价上涨了 34.03%"。

在通货膨胀，甚至是大规模通货膨胀的预期下，商业银行都会对普通贷款非常谨慎，因为银行借出去的时候可能是一大笔钱，而还回来时可能就一文不值了。经验上，无论多高的利率，很可能都跟不上通货膨胀的脚步。

还有汇兑，在汇率不稳定，特别是有着强通货膨胀预期时，对于投机者或许是机会，他们可以利用囤积外汇，炒作汇率大发其财。并且在动荡时期，只要参与汇兑业务就不能不参与或涉及投机，所以正常的汇兑业务变成了缪云台所说的“商业投机事业”。这是高风险的，而且此时的富滇新银行资本规模已经非常之大（据1933年《申报年鉴》统计，富滇新银行资本额1,116万元，位居全国第四），从事汇兑投机，它根本不可能在崩盘之前出清。

而且，在20世纪40年代时，富滇新银行已经通过云南省经济委员会对多家大型企业持股，甚至是控股，以这样的身份从事汇兑投机，一旦遭遇市场风险，不但是银行本身，就连所属企业也将面临连带风险。

1933年，美国第32届总统富兰克林·罗斯福上任，上任伊始他即主持颁布了金融史上最为著名的《格拉斯·斯

1936年6月27日，蒋介石与龙云在南京面谈

第格尔法》（又称《1933 年银行法》），其中最重要的条款即是规定金融机构不得同时从事商业银行和投资银行业务，声名赫赫的摩根财团也因此被分家为从事投行业务摩根势丹利和从事商业银行业务的摩根大通。这样做就是为了帮助银行和由银行投资的企业规避这样的风险。在云南，1939 年以后，由于富滇新银行主动退出了商业银行业务，云南金融的两大巨头——富滇新行和兴文银行也分别演化成了——专门从事投资业务的富滇新银行和混业经营、主要从事商业银行业务的兴文银行。后来兴文银行的历史证明，在不稳定时期，市场带给混业银行的风险的确是巨大的，而富滇新行此时的退出，正如罗斯福 1933 年银行法一样，是明智的。

与商业银行业务面临的风险相反，当时云南的情况却给投资银行业务带来巨大的机遇，大量资金以前所未有的速度涌入云南。但云南的金融情况非常特殊，1937 年 9 月中国银行进入昆明之前，这里就没有长期驻扎的其他金融机构，刚刚进入的金融机构还没来得及对云南的情况有所了解。对于那些想要转移进云南的资金，若没有熟悉情况的当地金融机构的协助，投资就很难完成。于是，富滇新银行似乎是最符合市场需要的，最有能力帮助资金投放的银行。不过似乎缪云台对证券市场、债券市场这些融资渠道不感兴趣，他从未涉足于此，他唯一愿意的方式就是直接参股、控股企业，并且积极参与企业的经营管理。

抗日战争爆发以后，中国沿海地区、原来重要的工业区沦陷，或是暴露在战争的威胁之下，这就令大批原来投资于此的资金有抽逃的意愿。与此同时，法币政策也令投资者感到不安。“1934 年 1 月，上海中外银行存银大约为 56,010.5 万元……到了 1935 年 4 月，上海中外银行存银仅为 33,800 万元……1934 年时，仅据中国银行报，仅 8 个月的白银出超达 1.5 亿。”1935 年 10 月开始，法币政策还没有出台，就有大量白银流出上海，“9 月净流出 766,553 元（规元），10 月流出 9,072,068 元；11 月流出 43,210,720 元；12 月流出 34,923,113 元”。此外，外商银行也在中国大肆输出白银，在青岛，法币政策实施后，由于汇丰银行要求提结存在当地中、交两行的白银，一向经营得很好的青岛中、交两行也不得不请求总行救济。

国内资金在此时显得极不安全。但是资金总须寻找出路，这时，被 2:1 的比价低估了的滇币资产就变得很有吸引力。而且由于经济委员会本身的大笔投资也创造了大量的投资机会，再加之缪云台从来没有停止过对外的招商引资，所以云南省经济委员会、富滇新银行在这一阶段吸引了大量的资金、技术和人才来滇设厂。

仅由省经济委员会主导的，就有很多：1938 年，与中央银行和交通银行合资组织了裕滇纺织公司；1939 年，与经济部合资开办电力制钢厂；与资源委员会、兵工署合资开办云南钢铁厂，开办云南蚕丝公司；与光大瓷业总公司合资开办曲靖光大瓷业公司；1940 年，与民族资本合资开办日月化学药品公司；1941 年，与资源委员会、中国银行合资成立云南锡业公司，开办利滇化工厂，成立运输处；与中国银行、交通银行、经济部等合资开办云丰造纸厂；1940年，与资源委员会合资的云南酒精厂建成投产；1942年，成立经委会印刷厂，与中国银行、资源委员会合资开办裕滇磷肥厂；1943年，裕滇纺织厂和云南纺织厂合办裕云机器厂；1944年，与下关绅商合办玉龙电力公司；1945年，与民族资本合办百特矿务公司。所以，“据不完全统计，到1942年6月，缪系的投资（包括抗战前的）累计已达到新滇币3.52亿多元，投资企业共54个，经委会主管的29个，参加投资的25个，总资本额为新滇币1.75亿余元”。

尽管战争带来的影响总是负面大于正面，但是，在缪云台的努力下，富滇新银行在这个时期尽可能地做到了将风险降到最低，并且，借抗战之机，刺激了云南产业经济的发展，完成了近代工业体系的塑造。正如缪云台所说：“从1939年到1945年抗战胜利。这个时期是云南工业的极盛时期。”这个“极盛时期”其实多半是他自己培育的。

（二）战争中的经济委员会

不仅仅是金融机构，缪云台的投资平台——省经济委员会也为抗战调整了发展方向，1940年，缪云台为云南省经济委员会制定了这样的“战时基本政策”：

“第一，纵然长期建设的计划一时难以贯彻执行，但绝不投资和贷款于谋取短期利润的任何商业投机事业，更决不参与国难财的投机买卖。富滇新银行亦把商业银行业务完全停止。

第二，对于新的投资，必须考虑这一事业对于抗战是否有利，对于解决战时社会经济问题是否有帮助。即经济委员会不再以长期经济建设为投资的唯一着眼点，必须注意眼前的迫切问题，着重新办事业的国防价值和社会意义。

滇缅公路上的运输队

第三，经济委员会在投资运用方面，必须做到充分利用南迁的人力和技术。因为抗战虽然给云南带来了新的问题，但也给云南带来了新的机会。”

滇缅公路

对于这三条基本政策，更为明确的解释是：一，放弃一切投机项目；二，密切关注战争动向，短期投资以最主要需求来源——战争，为出发点；三，利用战时资金，立足促进云南的技术进步和产业升级。此外，还有一条没有明说的政策——努力保证对在滇企业的控股权。

从这几条出发，富滇新银行和经济委员会几乎是逐个考虑和谈判每个企业的可行性、占资比例，甚至企业负责人。

1991年出版的《中国地方银行史》中，根据1976年12月作者访问缪云台本人的记录，对富滇新银行这一阶段的经营有一段长长的描述及评价：

“1932年7月~1935年12月底，富滇新银行单独投资与合资举办的企业有24个，共投入法币13,000万余元。至1939年，富滇新银行对省经委会下属的39个企业单独投资金额为法币3,556万元，约占39个企业投资总额的16.9%。加上经委会投资的法币8,251万元，约占企业总投资额的39%，后者的投资也是从富滇新银行透支的。两项合计投资金额法币8,807万元。富滇新银行实际投资额约占总投资额的46%。1939年~1941年，富滇新银行发行的货币，因在流通领域受法币排挤等原因，资金用于省内企业的投资有较大幅度增加，至1941年6月底，总投资额3,924余万元，比1939年时，又增加了10%。从而逐步改变云南战前单一、简陋的工业面貌。”

同时，富滇新银行所举办的农业贷款对云南农业的促进也是显著的，“1937年全省水稻产量为2,470万担，1941年增加至3,160万担，约增加27%；小麦产量1941

前排中蒋介石，其右龙云，其左缪云台，二排右四岳树藩

年为 839 万担，比 1937 年的 557 万担增加了 50%”。

这些数字不仅代表着富滇新银行取得的成功，同时这些成功也在客观上从财力物力上有效地支持了抗战，这是富滇新银行最可骄傲的贡献。它的所有经营，都因为成功地服务于这个大主题而具有无可置疑的积极意义。

我们有一个并非数据的例子说明富滇新银行是多么成功，多么非同小可。1944 年美国副总统华莱士访华，在重庆期间，华莱士点名要会见缪云台。华莱士对国民党的官员极为不满，直接斥责他们贪污腐化。说他在重庆只想见两个人，富滇新银行行长缪云台和西南联大校长梅贻琦。

1943 年，罗斯福总统的助理居里以总统名义写信邀请缪云台访美，研究“如何赢得战后的和平建设问题”，居里在纽约为缪云台设有专门的办公室，并有两名助理协助其工作。很显然，令他们惊讶和佩服的是，缪先生和他的富滇银行奇迹般地以金融之手段在短时间内为云南建立了一整套的工业体系。这正好是二战以后，全球各个满目疮痍、有待重建的发展中国家急需的“武林秘笈”啊！

从人企公司到人民政协

抗战胜利了，在这场战争中，缪云台与他的企业、他的银行都付出了巨大的牺牲，为了能够赢得这场保家卫国的战争，当时的云南人放弃了许多；当然，缪云台凭借出色的金融眼光和运作天赋，令云南也抓住了不少机会。然而无论如何，每个人都希望战争结束，会迎来更好的明天，更多的发展机遇，更和平持久的发展空间。然而不久，缪云台、云南人，乃至中国人的美好愿望破灭了。

不仅是云南，整个中国的经济在 1942 年之后陷入了巨大的危机，危机来自内战升级、通货膨胀和四大家族的官僚资本主义。我们看过表现解放战争时期电影的，都知道那时候通货膨胀的状况，1945 年，抗战结束时，法币发行量是 1937 年时的 282 倍，但那时候中国人民认为那是抗战的原因，都忍受了。

抗战胜利了，国民政府不以改变国民经济困境为己任，把所有的精力都用于对付共产党。要打内战，就像唐继尧当年一样，就需要大量的军费，视战争为第一要务。

那个时候，只要能够完成战争集资，谁还在乎通货膨胀啊！于是，为了战争集资，国民政府集中出台了大批政策，将几乎所有的资金使用权集中到政府，于是什么中央银行啦、四联总处啦纷纷现身，收紧绳索，其目的就是挤压民间和各地区的金融势力，从而把资金都集中到国民政府手中，方便战备。可是经历过唐继尧时代便知道，那样做是没用的，政府能得到的无非是一堆不值钱的纸币。仗打不赢，钱却越来越不值钱。那个时候富滇新银行早已不再参与货币发行和商业银行业务，如若不然，肯定惨遭挤兑。

随着内战深入，国民党的颓势愈加明显。为了挽救行将就木的国民政府财政，也为了继续内战，南京方面把国内所有可以弄到钱的地方和方法都盘算了一遍，又新生一招——集中资源！于是一场轰轰烈烈的“统治经济”运

前排右一李鸿谟，右二陆子安，右四宋子文，中龙云、左胡英、龚自知、缪云台，第二排右一张邦翰

动开始了。而这，触及了缪云台的“奶酪”。

从 1938 年开始，国民政府委托中国资源委员会这样一个组织，开始了大规模、密集地对云南企业进行兼并、强行注资和统制管理。

1939 年 3 月 1 日，中国资源委员会与云南合作经营并主办滇北矿务公司。11 月，在昆明成立云南出口矿产品运输处。从此滇西北的矿产和经海关出口的一切物资就不姓龙，不姓缪，就改姓蒋了。

1940 年 9 月 1 日中国资源委员会在昆明兴办云南锡业公司。年底，资委会在美国纽约设立国外贸易事务所，主要负责办理钨、锑、锡、汞等产品的出口等事宜。1940 年 10 月国民政府设立的“云南出口矿产品运销处”就设在个旧。这非常明显，这些机构都是奔着统制个旧大锡去的。

1941 年 10 月 3 日，国民政府颁布《锡业管理处代收矿品暂行办法》，从立法上规定了大锡改由南京统一管理。1943 年 9 月 29 日资委会公布《特许云南粗锡内销办法》，这次，连未经加工冶炼的粗锡他们也不放过。

如此种种，不绝于耳。这样一来云南的矿产、出口物资、工业制成品，一切一切能赚钱的，都得听命于南京的蒋家王朝了。

与此类似的国进滇退，从此以后便一再上演。更要命的是，他们接手以后就忙着变卖，并不诚心经营这些企业，当时就有学者指出：“抗战以后，国民党政府以沿海较发达的城市经济为其政治基础，而把战时在内地新发展起来的城市弃之如敝屣，认为西部地区的中小工厂根本没有存在的价值……不如任其倒闭。”

从1945年11月到1946年8月仅一年的时间，云南汇入汇出相抵，外流金额达1000余亿元。云南蚕丝公司1942年以后，购原料的资金不足，被迫停工；裕滇磷肥厂被迫倒闭、变卖；缪云台参加投资的石佛铁路工程，1943年已经完成全线1050公里的勘测，因工程耗费巨大，而被国民政府决定停建。还有云南酒精厂，1941年建成投产，设备生产能力为年产30万加仑，战后也停产了。只有铜、大锡、铁矿等赚钱的项目被他们捏得死死的。

龙云故居

下一步，可以猜得出，目标将会是当时资金实力雄厚的富滇新银行。龙云已看出国民政府对云南财富的觊觎之心，他于1944年6月给缪云台一份密令，其中称：“本省富滇新银行半开银币不但为一般所注意，财政部亦不无垂涎。”龙云于是和缪云台商议，决定把大部分富滇金银储备藏到西华金库中去。

他哪里知道，蒋介石也早有打算，1945年，日军投降，趁卢汉及云南各重要将领到越南受降，蒋介石剥夺了龙云在省内的职务，并把他带到重庆，他在那里实际上被囚禁了。

缪云台也被支开了，前文曾说到，缪被罗斯福总统邀请赴美访问，那段时间恰好不在国内。趁云南政治经济权力的“空窗期”，国民政府军势力长驱直入，目标之一就是富滇新银行的西华金库。10月4日下午，昆明防守司令部即令第五军开始围攻西华金库，5日下午攻入，6日占领。由防守司令部高级参议刘达潜亲自把守，他得到杜聿明的手令，手令上书：“非有蒋委员长命令不能开库。”司马昭之心，已经非常清楚了。

当中央机构大肆鲸吞云南的金融和企业资产时，缪云台却在美国。等他回来，发现一切都正在改变。他怎么办呢？伤心失望是肯定的，他马上奔赴重庆看望了龙云，并立即辞职。但其实他比任何时候都舍不得这家银行和他的企业们，按他的话，这是云南人的“这盘事业”，怎么也不能丢啊！

卢汉照例努力挽留他，跟他说这一厂一矿，哪一个不是云南人辛辛苦苦一砖一瓦地建起来的，如今统统被蒋介石抢了去。他们抢走了以后并不好好经营，很多都是折价卖钱走人。云南人就这么任人宰割吗？

凯恩斯说银行家是这样一种人：“终身从事这种活

动使他们成为最浪漫并且是最不现实的人。”何为金融家的“浪漫”呢？笔者以为就是充满了艺术家般的奇思妙想，一般人只有叹为观止、唏嘘感慨的份儿。下面就是一个堪称“浪漫”主义银行家的代表作。话说缪云台在压力之下，苦思冥想一个金蝉脱壳之计，像《骇客帝国》里奥摆脱特工那样，变成无数块碎片。

1946年，缪提出要卢汉接受一个非常奇怪的建议——“将所有云南省经济委员会、富滇新银行及其他愿拨还于民的省营事业（指企业局的单位）一起合并改组成一个普遍性的民营公司，股权属诸云南人民，公司为全省人民所有”，称这样才能救云南企业于水火。我们知道富滇新银行下属的企事业单位如今虽已被蒋家王朝拆得七零八落，但仍是为数众多，加上财政厅企业局所属的企业，就是那个被称为土账房的陆崇仁创办的企业终归也还有些遗孤。所有企业加在一起，一共有54家，加上富滇新银行，一共55家。而这55家企业几乎就是云南近代工商的半壁江山。缪云台想做什么呢？

无论想做什么，很显然蒋介石绝对不会同意云南企业做大做强，他甚至不愿意云南企业界有任何异动。

缪云台知道蒋介石那个时候最忌惮的有两种力量，一是民盟，二是中国共产党。蒋介石也许并不十分在意云南的企业，但他无法忽视这两个反对党。缪云台于是借题做了几件示威性质的事。

第一桩：国民政府迫使经济委员会结束时，缪公开说："曾奉龙云之命拨过大笔经费给民盟。"这是挑衅。果然，1946年，当他通过王云五要求其批准人企公司时（王云五是当时国民政府行政院副院长，是我国著名出版家，商务印书馆的总经理，但后来就是他推出了臭名昭彰的金圆券），王云五说，委员长非常担心缪同情民盟，他的企业会支助民盟的。于是，缪答应登报启事与民盟没有关系。1947年时，他在上海《新闻报》登启事，但是此后缪云台曾公开表示，与民盟撇清与云南企业有关，他说之所以登报是："龙主席要我保存经委会这盘事业，不得不敷衍蒋介石的。"这是妥协，并且缪知道蒋介石两面三刀，即使妥协也是带着威胁的。

第二桩：1946年重庆的政治协商会，缪云台是参会的九名社会贤达之一。以如此招人眼球的身份，他居然半公开地称周恩来将要在重庆拜访他，并将会见地点设在曾家岩。曾家岩，那就是昆明的华山西路，重庆政府部门脚底下，显然并不适合让云南军阀势力的代表会晤中国共产党的高级领导人。但是，无论缪是否真的会晤了周恩来，这个消息发生了作用。几天以后，陈立夫真的拜访了缪云台（陈立夫，自1939年任国民政府战地党政委员会委员，极其重要的国民党特务头子，连周恩来都曾说过：在敌人之中，陈立夫这个人是值得重视的）。很显然，他们害怕了。当天，在昆明华山南路上的缪云台住所就被特务包围了。当然陈立夫是来示好的，并且表示蒋委员长牵记云南人民。蒋介石在权衡之下就不得不有所表示了。1946年下半年，缪云台将“人民企业公司筹备委员会”的方案带到南京，“当时认为中央不会批准这个方案的人很多”，但出人意料，缪很快就从南京方面得到了“准予备案”的批准。

不过蒋介石实在没料到，这家公司会变成后来这样。

1947年3月20日，缪云台“收到了经济部准予备案的公文，卢汉乃公告召开股东大会”。5月15日，股东大会正式召开。

人企公司既然是“全滇人民有自营、自有、自享之权”，就要在股东上体现出来。怎么个体现法呢？根据当时统计，全省共有131个县、市和设治局，1423个乡镇，1,706,660户人家。这样，人民企业公司便有1,706,660个股东，估计蒋介石听到这个消息都傻了。当然云南人民企业公司也从未经过货币化的过程，市值多少没人知晓，就这样愣是分成了170万份，这样的原始股货真价实地原始而粗砺，也因此蕴含了无可匹敌的力量。试想，现在55个葫芦娃一夜之间变成了170万个，谅你蒋家王朝再有本事，也抓不住这170万个，况且这是没有市值、没有市场（一级、二级都没有）的170万个。还想得到这55家企业，你必须敲开170万个家庭的门，这是不可能的。但是，170万个股东却完全不会影响企业的经营，还是同样的管理者和工人，还是那些产品，还是每天开门迎客的那家银行，除了拿不走、搬不动了，好似一切如常。而且，人企公司成立当年就有盈利，那170万个股东1948年年初就分得了第一笔红利。

缪云台为人企公司定下了“注重间接收益，不注重直接收益”的经营方针，这显然是为了应对当时高通货膨胀风险，避免投机或卷入投机，在经济不景气的年代，是稳定企业、积蓄力量的一种策略。而且，在此后坚定地实施这个策略也的确给云南企业带来了一线生机，这个影响甚至延续到解放后。云南的企业，特别是大锡和纺织企业在解放战争中几乎没有停产，很大程度上解决了解放后西南人民生活和经济的困难。在注重间接收益的方针下，他果断地放弃了扭亏无望的企业（在人企公司占 50% 以上股份的 27 家企业中，只留下了 19 家），集中优势力量，扶持了具资源绝对优势的大锡行业和在西南市场上占优势的纺织行业，并从长远着眼，缪云台代表云南人民企业公司邀请英美烟草公司的董事长格林赴上海商谈，欲引进云

1949 年人企公司创建的云南纸烟厂大门

南第一个现代化卷烟生产线技术，并成立裕云烟草公司。但是缪云台坚决不同意英美烟草公司直接注资，他情愿由云南全部出资，而英美烟草只出技术，并让其仅用技术占49% 的股份，而云南人拥有企业的完全主导权。格林最后笑着说：两百年来，我们从未和贫穷国家签订过这样的合同，不过我欣赏你，站在你的角度，你是对的。但愿我们的合作将开启战后新时代的合作典范。1949 年，英美烟草的全套生产线和说明书分三次抵达昆明。当然，未及投产便解放了，我们不知道裕云的生产线和技术是否帮助了解放后著名品牌“云烟”生产，也许吧！但不管怎么说，这是云南烟草工业一次全新突破，缪云台注重间接收益、不注重直接收益的态度，是否对今天的我们也能有所启发呢?

1949 年，中国共产党正在积极争取龙云和卢汉，争取云南和平解放。富滇人非常赞同这样做，我们知道，龙云从上海出逃到香港，并在香港通电全国宣布云南和平解放。但是，他是怎么逃出去的呢？缪云台和飞虎队的陈纳德一向交好，飞虎队抗战时在昆期间的军官俱乐部就是富滇新银行的房子。是缪拜托陈纳德悄悄地安排飞机去接龙云，这样危险的任务，他不相信别人，于是派自己的侄子陪同。从此可见富滇人对和平解放的态度。

同时也要富滇做出作为银行的最后贡献。

1949 年初，卢汉召集了一个由三十余人组成的“云南省财政经济改革设计委员会”，由缪云台任主任委员，设计讨论《云南金融改革草案》。这个金融会议其实就是安排和平解放时云南的金融经济工作的。当时最大的问题是，法币还是云南通行的货币，一旦宣布解放，法币不能使用，有可能造成金融恐慌、哄抬物价、市场紊乱等症状。为了防患未然，卢汉决定重新开始发行最有市场基础的半开银币。因为银币含白银，民众持币都比较不会慌乱。

国家领导人与龙云

1949 年 4 月 1 日，省政府第 1076 次会议，审议并通过了该草案，草案决定：“一，暂时发行五角以下之银辅币，作为本省单行通货；二，辅币发行机关暂定为富滇新银行，并由政府赋予发行特权……”这样，云南又回到了半开时代。富滇新银行的一部分在 1949 年 7 月脱离人民企业公司，重组为“云南省银行”，作为专门的发行机构。

恢复半开，有利于稳定地方金融，继而有利于稳定社会秩序，在特殊时期起到一定的积极作用，为云南和平解放后的平稳过渡做出了贡献。据《1949 年云南财政概况》记：“本省改革币制，以半开为省币后，全省经济状况渐趋正常……省行成立半年以来，不断为大众努力服务，颇得稳定全省金融安定民生之效。”

这恐怕是民国时期富滇新银行单独的最后一个动作。

卢汉在欢迎解放军入城仪式上

1950年3月8日，“新富行由昆明市军管会接管，经过清理……债权大于债务，折合人民币76468元。至此新富行结束”。再在档案中见到富滇新银行，已是1951年4月10日，此时中国人民银行云南省分行已经成立，并且统一接管、清算了富滇新银行、云南人民企业公司的全部资产。

回国定居后的缪云台

富滇银行成立于1912年农历二月初九，折算下来刚好是当年的3月17日，在走过了整整38年后，富滇以光荣的姿态完美地谢幕了。缪云台于1950年移居美国。1973年，应周恩来邀请回国访问，在北戴河会见了陈毅和陈云。1976年，周总理病重之际再次邀请缪云台回国见面。1978年，缪主动给邓颖超写信，表达了希望回到祖国怀抱的愿望。而给他回信，并热情邀请他回国定居的却是邓小平。1979年，缪云台携夫人回到了祖国大地。回国后，缪云台先后当选了第六、第七届政协全国委员会副主席。缪老在祖国又愉快地生活了9年，1988年去世。

附　录

云南省经济委员会各事业单位资金金额统计表

单位：国币千元

单位名称	固定资金	流动资金	合计	来源
炼锡公司	500		500	省府拨款15万元，锡务公司及富滇新银行各10万元，劝业银行及教育经费管理局各1万元，商股13万元
锡务公司	2,000		2,000	官股1,398,000余元，商股60万元
锡业公司	50,000	25,000	75,000	本省官股15,146,300元，本省商股4,853,700元，中国资源委员会及中国银行借款2,500万元
云南纺织厂	889	12,600	13,489	省经济委员会投资889,000元，富滇新银行借款1,260万元
裕滇纺织股份有限公司	20,000	4,000	24,000	省经济委员会投资675万元，富滇新银行250余万元，云南纺织厂75万元，中国银行600万元，交通银行400万元，富滇新银行借款400万元
开蒙垦殖局	14,994	6,303	20,967	省经济委员会投资14,664,000元，富滇新银行借款6,300,300元
省垣附近农田水利工程处	38	50	88	省经济委员会投资38,000元，富滇新银行借款5万元

（续表）

单位名称	固定资金	流动资金	合计	来源
宾川水利工程处	524		524	省经济委员会投资
宾祥水利监督署	3,150	2,000	5,150	省经济委员会投资 315 万元，富滇新银行借款 200 万元
弥泸水利监督署	1,650	10,088	11,738	省经济委员会投资 165 万元，富滇新银行借款 10,818 元
耀龙电力公司	3,684	1,600	5,184	省经济委员会投资 1,331,000 元，官股 988,000 元，商股 1,365,000 元，富行借款 160 万元
腾冲水力发电工程处	5,000		5,000	省经济委员会全额投资
云南五金器具制造厂	79	335	414	模范工艺厂移交器械设备价值 3.9 万元，省经济委员会投资 4 万元，富行借款 33.5 万元
云南电气制铜厂	3,820	3,312	7,132	省经济委员会投资 1 万元，云南省财政厅投资 44 万元，商股 6 千元，富行投资 380 万元，滇黔绥靖公署拨发垫款 16.2 万元，富行借款 315 万元
裕滇纺织股份有限公司海口机械厂				该厂系裕滇纺织厂之一部分，资金周转、设备添置概由公司筹划备用，资本并未划分
昆明水泥股份有限公司	3,000		3,000	富行投资 120 万元，中国银行 60 万元，交通银行 30 万元，新华银行 15 万元，华中水泥公司 75 万元
云南酒精厂	3,300	1,500	4,800	省经济委员会、中国资源委员会各投资 90 万元，又，中国资源委员会建设金 150 万元，省经济委员会流通资金 30 万元，资委会 120 万元
裕滇磷肥厂	1,350		1,350	省经济委员会、中国资源委员会、中国银行各 45 万元
利滇化学工业公司	5,600		5,600	省经济委员会投资

（续表）

单位名称	固定资金	流动资金	合计	来源
中国电力制钢厂股份有限公司	1,200	1,100	2,300	省经济委员会投资25万元，经济部30万元，富行20万元，商股45万元，又富滇新银行借款110万元
云南钢铁厂	31,600	11,000	42,600	中国资源委员会投资1,680万元，省经济委员会1,180万元，兵工署300万元，又资源委员会流动资金1,100万元
云丰造纸股份有限公司	2,400	400	2,800	省经济委员会投资40万元，富滇新银行80万元，云南企业局20万元，经济部工矿调整处60万元，交通银行、中国银行及商股40万元，又富滇新银行借款40万元流动资金
云南省经济委员会印刷厂	1,500		1,500	省经济委员会投资
海源印刷厂	900	1,000	1,900	富滇新银行投资75万元，电气制铜厂15万元，富行借款100万元
云南蚕业新村公司	25,500		25,500	省经济委员会、富滇新银行各750万元，中国银行650万元，农民银行190万元，交通银行210万元
云南蚕丝股份有限公司	3,500	2,500	6,000	省经济委员会投资40万元，富滇新银行投资310万元，又富滇新银行借款250万元
长坡蚕桑生产农场	120		120	省经济委员会、经济部各3万元，富滇新银行6万元
云南蚕业推广委员会	1,800	500	2,300	省经济委员会180万元，富滇新银行借款20万元，合作金库借款30万元
中国茶叶贸易股份有限公司	2,400	3,780	6,180	富滇新银行投资170万元，中国茶叶公司70万元，富滇新银行借款378万元

（续表）

单位名称	固定资金	流动资金	合计	来源
合作事业委员会		1,000	1,000	富滇新银行借款
云南省合作金库	10,000	40,000	50,000	富滇新银行参股 959 万元，云南合作事业委员会 20 万元，各县合作金库 21 万元，富滇新银行借款 4,000 万元
合作社物品供销处		2,000	2,000	省合作金库借款
石佛铁路工程筹备委员会	2,443		2,443	富滇新银行投资
经济委员会运输处				该处系以省经济委员会移拨款之车辆 52 辆为基础，另由富滇新银行、云南纺织厂各拨 30 辆车应用
中国通运公司	7,000	300	7,300	华侨、广西及中国农工等银行暨侨汇局投资 575 万元，省经济委员会 125 万元，富滇新银行借款 30 万元
公米储售处		10,000	10,000	富滇新银行借款
昆明营业公司	1,570		1,570	富滇新银行投资 50 万元，新华银行及市政府投资 107 万元
昆明建筑事务所	20		20	省经济委员会投资
佛海服务社	250		250	省经济委员会投资 13 万元，富滇新银行及中国茶叶贸易公司各投资 6 万元
合计	211,451	140,368	351,819	

资料来源：《云南行政纪实》第十三册《经济一》，第二编《云南省经济委员会》，第 2~10 页。

省经济委员会与富滇新银行所办各大企业投资所占比重统计表

单位名称	资本额	省经济委员会及富滇新银行合并投资占比		中国银行投资占比		中国农业银行投资占比		交通银行投资占比		中国资源委员会投资占比	
锡业公司	50,000	200,000	40%	15,000	30%					15,000	30%
裕滇纺织公司	20,000	9,250	46%	6,000	30%			4,000	20%		
昆明水泥厂	3,000	1,200	40%	600	20%			300	10%		
云南酒精厂	3,300	900	27%							2,400	73%
裕滇磷肥厂	1,350	450	33.3%	450	33.3%					450	33.3%
中国电力制钢厂	1,200	450	37.5%							300	25%

（续表）

单位名称	资本额	省经济委员会及富滇新银行合并投资占比		中国银行投资占比		中国农业银行投资占比		交通银行投资占比		中国资源委员会投资占比	
云南钢铁厂	31,600	11,800	37.3%							19,800	62.6%
云丰造纸厂	2,400	1,400	58.3%	中交两行及商股等 40 万元，占比 16.7%						600	25%
云南蚕丝新村公司	25,500	15,000	58.8%	6500	25.5%	1,900	7.5%	2,100	8.2%		
中国通运公司	7,000	1,250	17.9%	其他如邮汇局等投资 5,750 元，占比 82.1%							
昆明营业公司	1,570	500	31.8%	其他如新华银行等数字不明							

资料来源：《云南行政纪实》第十三册《经济一》，第二编《云南省经济委员会》，第 2~10 页（其中合计总股份不到 100% 的，其余部分是零散的商股或其他政府机构投资，此表仅涉及六家大机构的持股情况）。

云南全省经济委员会章程

（民国二十三年三月卅日省政府第 384 次会议议决公布）

第一条 本会秉承省政府遵照法令主管全省经济建设事务。

第二条 本会设委员七员至九员由省政府选派会同当然委员商决会务。

第三条 本会设常务委员一人主持会务，由省政府就委员中指定之。

第四条 本会设秘书一员，下设事务员三至五员，分掌文书收发庶务，监印核对铨叙保管及不属于各部之一切事务。

第五条 本会设管理、设计两部，每部设经理一员，下设若干股，每股设主任一员，办事员若干员，分掌主管部务。

主任以上人员由常务委员呈请省政府任免之，事务员由常务委员任免之。

第六条 管理部分股职掌如下：

（一）会计股：主管本会直接实施各事业之一切账务会计事项。

（二）审计股：主管本会直接实施各事业及省政府委托管理监督各营业机关之视察督促指导及效率考核一切事项。

（三）考核股：主管本会直接实施事业及政府委托管理监督各营业机关之视察督促指导及效率考核一切事项。

第七条 设计部分股职掌如下：

（一）调查股：主管全省关于经济部分一切生产消费交易分配及公共经济并本会直接实施管理各项事业之调查报告事项。

（二）统计股：主管全省关于经济及本会一切业务之统计及报告事项。

（三）设计股：主管全省关于经济建设或设计建议审定各事项。

第八条 本会应事务上之必要得设置技正、技士兼聘用工程师、顾问。

第九条 本会应事务上之必要得召集行政机关人民团体之关系人员及专门人材临时组织各种专门委员会，其组织规章另订之。

第十条 本会应事务上之必要得设置各种试验检定或示范机关并临时组织考察团、测量队、宣传队，其组织规程另订之。

第十一条 本会受政府委托管理或监督各官营或官商合办营业机关及民营公用事业机关，其属于政务范畴者，仍商同主管官厅办理或呈请省令行之。

第十二条 本会应事务上之必要，得设置图书室征集品陈列室，并临时开发观摩展览会，其规则另订之。

第十三条 本会应事务上之必要，得训练特定工作人才，其办法另订之。

第十四条 本会委员会议每月举行一次，由常务委员召集之，与特别事件并得随时召集，其会议规则另订之。

第十五条 本会事务事业各费统由政府支付，其事业盈余除照案提奖外，概行解缴政府。

第十六条 本章程自核准公布日起实行，如有未尽事宜，得随时呈请修正。

云南全省经济委员会组织大纲

第一条　云南省政府为促进全省经济建改善人民生活，特设全省经济委员会。

第二条　经济委员会之职掌如下：

一、关于全省经济建设或发展计划之设计建设及审定事项。

二、关于全省经济建设或发展计划各项经费之核议审定事项。

三、关于全省经济建设或发展计划之监督指导事项。

四、关于特定经济建设或发展计划之直接实施事项。

第三条　经济委员会设委员若干由省政府指派之民政、财政、建设、实业、教育厅厅长及有关经济建设之省府直辖机关长官得指定为当然委员。

第四条　经济委员会设常务委员一人主持公务，由省府就委员中指定之。

第五条　经济委员会设秘书一员，事务员若干员处理会内文书收发保管庶务各事项。

第六条　经济委员会得分布办事，每部设经理一员，下设主任若干员、事务员若干员，就性质分掌有关事务。

第七条　经济委员会于必要时得延用专门顾问或技术人员。

第八条　经济委员会得组织各种专门委员会办理专门事项。

第九条　经济委员会得受省政府之委任，监督各官营或官商合办之营业机关及民营公用事业机关。

第十条　经济委员会得酌用雇役。

第十一条　经济委员会各项规章另定之。

第十二条　本大纲自公布日实行。

参考书目

1. 谢本书：《龙云传》，四川民族出版社1988年版。

2. 费正清编：《剑桥中华民国史》，中国社会科学出版社1993年版。

3. 张一璘：《云南财政厅长昆明缪君行状》。

4.《缪云台回忆录》，中国文史出版社1991年版。

5. 杨煜达：《滇西民族商业资本的转化与近代云南社会》，《云南社会科学》2001年第4期。

6. 石岛纪之：《近代云南地域史》。

7. 陈征平：《近代云南的矿业工业化与社会扩散效应》，《云南社会科学》2002年第2期。

8.《云南实业科档案》77-6-377卷。

9. 民国云南省通志馆编：《续云南通志长编》，云南省志编纂委员会1985年编校。

10. 蔡锷：《滇省光复始末记》，曾业英编：《蔡松坡集》，上海人民出版社1984年版。

11. 喻宗泽等编纂：《云南行政纪实》，云南省财政厅印刷局1943年印，第十三册“经济—锡业 ”。

12. [澳] 霍尔：《云南的地方派别（1927—1937）》，载云南省社会科学院历史研究所编《研究集刊》1984年第1期。

13. 李珪主编：《云南近代经济史》，云南民族出版社1995年版。

14. 万湘澂：《云南对外贸易概观》，新云南丛书，建兴印刷局1946年印。

15. 云南地方志编纂委员会：《云南省志·经济综合志》，云南人民出版社1994年版。

16. [德] 威廉·罗雪尔：《历史方法的国民经济学讲义大纲》，商务印书馆1997年版。

17. 云南地方志编纂委员会：《云南省志·财政志》，云南人民出版社1994年版。

18. 李珪：《云南地方官僚资本简史》，云南民族出版社1991年版。

19. 方国瑜：《滇西边区考察记》，1934年印。

20. 吴承明：《论二元经济》，载吴承明著《中国的现代化：市场与社会》，三联书店2001年版。

21. 潘先林著：《民国云南彝族统治集团研究》，云南大学出版社1999年版。

22.《云南富滇银行—云南富滇新银行历史资料汇编》（上、下），云南省金融研究所1980年印。

23.《富滇新银行档案》65-4-1卷、65-4-4卷、65-4-132卷、65-4-292卷。

24. 许知远：《受困的心》。

25.《云南省政府秘书处档案》106-4-1645卷、106-4-

1665卷。

26. 陈子量：《1931年云南鸦片烟商倒闭概况》。

27. 杨克成：《云南缪系地方官僚资本概述》，载云南省政协文史资料委员会编：《云南文史资料选辑》第二辑。

28. [日]城山智子：《1934—1935年白银风潮与上海金融市场》，载吴景平主编《上海金融的现代化与国际化》，上海古籍出版社2003年版。

29. 孙代兴、吴宝璋：《团结抗战——抗日战争中的云南》。

30. 姜宏业主编：《中国地方银行史》，湖南人民出版社1991年版。

31. 刘慧宇：《中国中央银行研究1928—1949》，中国经济出版社1998年版。

32. 云南地方志编纂委员会：《云南省志·金融志》，云南人民出版社1994年版。

33. 杨德才：《中国经济史新论1840—1949》，经济科学出版社2000年版。

34. 杜恂诚：《上海金融的制度、功能与变迁1897—1997》，上海人民出版社2002年版。

35. 刘克祥：《1927—1937年中资银行再统计》，《中国经济史研究》2007年第1期。

36. 戴建兵：《白银与近代中国经济1890—1935》，复旦大学出版社 2005年版。

37. 张肖梅：《云南经济》，中国国民经济研究所1942年印。

38. 缪云台：《关于云南的经济财政金融和工农商业概况》，载云南省政协文史资料委员会编《云南文史资料选辑》第二十八辑。

39. 黄立人：《抗战时期大后方经济史研究》，中国档案出版社1998年版。

40. [美] 罗恩·彻诺：《摩根财团》，中国财政经济出版社2003年版。

41.《云南省财政厅档案》57-3-167、57-3-168卷。

42. 昆明市金融志编撰委员会：《昆明市金融志》，1993年印。